一壶浊酒尽余欢

李叔同传

张笑恒/著

华龄出版社
HUALING PRESS

图书在版编目（CIP）数据

一壶浊酒尽余欢：李叔同传 / 张笑恒著 . -- 北京：华龄出版社，2023.12

ISBN 978-7-5169-2668-0

Ⅰ . ① 一… Ⅱ . ① 张… Ⅲ . ① 李叔同（1880-1942）- 传记 Ⅳ . ① B949.92

中国国家版本馆 CIP 数据核字 (2024) 第 007898 号

责任编辑	李梦娇	**责任印制**	李未圻
责任校对	张春燕	**装帧设计**	天下书装

书　　名	一壶浊酒尽余欢：李叔同传	**作　　者**	张笑恒
出　　版 **发　　行**	华龄出版社 HUALING PRESS		
社　　址	北京市东城区安定门外大街甲 57 号	**邮　　编**	100011
电　　话	（010）58122255	**传　　真**	（010）84049572
承　　印	三河市祥达印制包装有限公司		
版　　次	2024 年 1 月第 1 版	**印　　次**	2024 年 1 月第 1 次印刷
规　　格	710 mm × 1000 mm	**开　　本**	1/16
印　　张	10	**字　　数**	140 千字
书　　号	ISBN 978-7-5169-2668-0		
定　　价	49.80 元		

前言

世人常说，人生如戏，幕前线偶，多是身不由己。岁月兜兜转转，我们不过那水中浮萍，在时光里飘零。

倘若人生真是一出折子戏，李叔同的一生又该怎么评说？一个最佳主角？一个随心随性，不受岁月束缚的舞台缔造者？还是偶被世俗遗忘却与尘埃缘悭的人？所以他才活得那般自由，又那般跌宕？

清末民初，烽火连天，李叔同降生在一个富贵人家。翩翩公子，陌上如玉，少年才子，轻狂不羁。于是，风雅是他，风流亦是他。

烟街柳巷，有他走过的痕迹；茶楼酒肆，有他挥洒的诗意；便是那戏台之上，亦有他的心慕之人。于是，津门人说，“桐达李家”的三公子，每个传闻里都透着不落世俗的传奇。那时候，有诗有酒有奇气有红颜，他才不在乎那些是非。

细数红尘，他走过的每一步都是那样光艳动人。诗词歌赋、篆刻书画、戏曲音乐，于他笔端总能生出花。奈何岁月这盘棋，越下越迷离。他爱过几个女子，也只是动了最寻常的心思，未做引人悲伤的许诺。爱而不得，富贵云散，亲人故去，挚友分离……他确然“命由己，不由天”，而岁月时常在他身旁生些波折。他一生最大的快乐与悲戚，皆留在了城南草堂。走过四季，每一季都有一两件悲伤的故事。

适时，一个清灵如水的女子，轻轻走进他的画。本以为，从此，醉意阑珊处，红颜暖枕语。可他偏偏去了江南，蓦然转身，将三千繁华与那女子，隐入了烟尘。

世人说，李叔同是名副其实的大才子，文艺界的文曲星。他的诗清润如风，他的歌悠扬磅礴，他的剧入情入圣。他为那个旧时代开启了一个又一个先声。他是中国近代著名的艺术家、教育家、思想家，为后世培育了一大批出类拔萃的各领域艺术人才。

名岂文章著？却少有人知，他的寂寥与苦。一叶扁舟，冲淡西湖烟霞，白浪风婆，舟上之人，双手合十，禅衣披肩，名曰弘一。自落发，世间已无李叔同，涉渡彼岸方有他足迹。后世之中，唯余弘一。

世间名利，他视如粪土。红尘酒绿，从此化作浮云。半世红尘皆过往。半生禅心在路上。

他以为，他只是佛祖座下不起眼的信徒，修行路漫漫，遥远何极。往后余生，苦行山水，青灯古佛，足迹遍布南北诸寺。于是，民国烟云里，流传着弘一大师的奇闻。有人将他神话。有人不远千里，只为听他一席佛语。亦有人好奇，他当真凉薄，丢了半世浮名与情谊？面对误解，他不曾解释。只将前尘安放在原地，不见不念，是大慈悲。

自归皈佛门，每日清粥、水菜，他尤觉香甜美味。一把老伞，一袭旧衣，随他披星戴月，行了千里又千里。他写经、念佛、研律，竹杖芒鞋十几年，慈悲度化众生，却独独未怜惜过自己。

长亭古道，芳草连天。人生难欢聚，唯有别离多。明月捎走他最后一滴清泪，“悲欣交集”是此生的绝笔。钟鼓悠悠，洞彻山涧幽林。管弦音希，尘世离人几何。袅袅烟云里，一位蹒跚僧行来，眼眸深沉如海，又似九天星辰。瞧这人间景，满山花开，芳菲无尽，他淡然一笑，清净无尘。转身，一切归于永寂。

目录

第五章

转身红尘外

第六章

芒鞋竹杖，只身天地间

第七章

晚晴山房，人间清凉

李叔同人物关系图

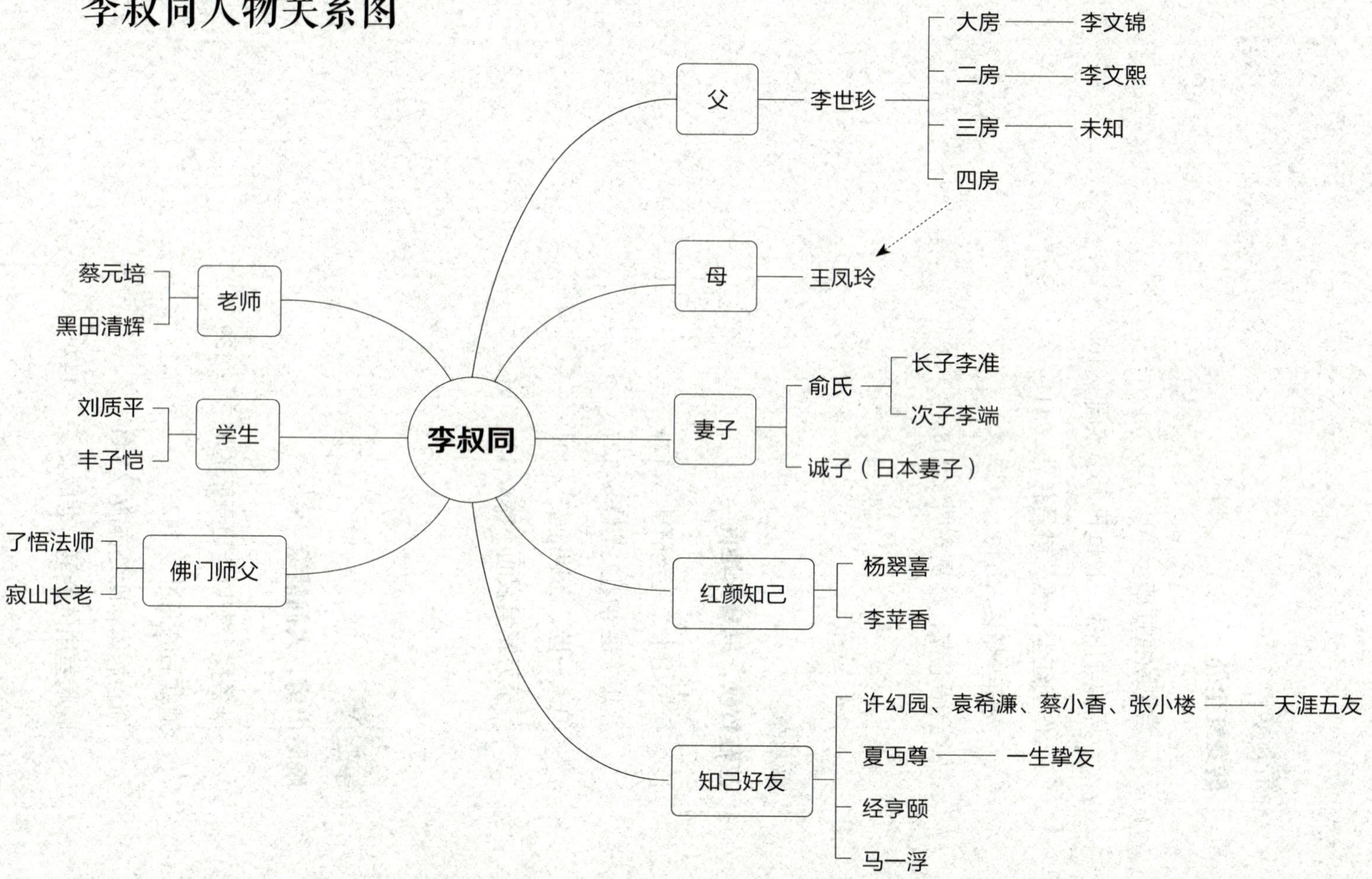
李叔同
父
李世珍
大房
李文锦
二房
李文熙
三房
未知
四房
母
王凤玲
妻子
俞氏
长子李准
次子李端
诚子（日本妻子）
红颜知己
杨翠喜
李苹香
知己好友
许幻园、袁希濂、蔡小香、张小楼
天涯五友
夏丏尊
一生挚友
经亨颐
马一浮
老师
蔡元培
黑田清辉
学生
刘质平
丰子恺
佛门师父
了悟法师
寂山长老

第一章

少年时光

李叔同是含着金汤勺出生的富家公子，家中世代经营盐业和银钱业。他的父亲曾是同治年间的进士，后辞官承接祖业，成为津门巨富。李叔同自小聪慧过人，6岁启蒙，10岁已熟读诗书，13岁“辄以篆刻和书法名于乡”。年少时，鲜衣怒马，意气风发。唯有爱情，空留遗憾。

富商李世珍的遗憾

李世珍，字嗣香，号筱楼，天津人，李家祖上在明末清初时因避难来到浙江平湖，以布料生意起家，后陆续经营盐业和油坊。清嘉庆年间，李世珍的父辈由平湖迁至天津，一直到李叔同出生，李家都居住在天津。

清朝时期，科举盛行，李世珍从小便受到“学而优则仕”的影响，前半生一直在求取功名的路上苦苦追寻，32岁中举人，53岁时中进士，后官至吏部主事，曾与清朝重臣李鸿章共事。

李世珍饱读诗书，满腹经纶，对儒家学说颇有研究，但他自知年事已高，比起朝廷里年轻气盛、功名赫赫的曾国藩、左宗棠等人，自己早已过了建功立业的年纪。他懂得适时而退，为官不久便辞去官职，回到天津，继承父业，开始了经商之路，主要经营盐业，创办了“桐达”等几家钱庄。

在当时，天津由于其得天独厚的地理位置，又经过前朝的经营，在明清两代可谓赫赫有名的商贾聚集地，当年的京杭大运河出了北京城第一站就是天津。天津这个名字来自朱棣，当初他为了夺取皇位，由通州向南，破沧州，渡直沽，直通南京，最后赐名直沽为“天津”，意为“天子渡津之地”。

朱棣称帝后，由于天津水运发达，是商业往来的要冲，所以在此设立军卫，先后设有天津卫、天津左卫和天津右卫，并建立天津卫城。直到清顺治年间，天津三卫合一，统称天津卫。天津依托海河漕运便利，云集各地商人，吸纳八方财富，人力物力在此大量进出，使得商业无比繁荣。

晚清以来，天津逐步成为华北地区工业重镇。在这一时期，尽管社会动荡，人民生活凄苦，但天津商业却日渐繁荣，当时渤海边的长芦盐场是我国海盐产量最大的盐场，而天津东临渤海，内附北京，盐业自然十分发达。

李世珍就是在这样的背景下开始了商业的征程。由于之前做官的经历，人脉广博，他以儒商的身份，在政商两界风生水起，财富也迅速积累，可谓富甲一方。据记载，在李世珍还未发迹之前，一家人住在河东地藏庵前的三合院，李叔同便是在此出生的；而就在李叔同出生后不久，李世珍就在河东粮店后街买了一座70间房的大宅院，可见其财力积累速度惊人。

凭借多年商场摸爬滚打的经验和独到的眼光，已经家财万贯的李世珍，又发现了一个商机——钱庄。“桐达”钱庄开业后生意兴隆，后世称之为“桐达李家”，这也说明了李家在当时的产业地位。在钱庄的鼎盛时期，桐达还在其他商业重地开设过分号，比如李世珍去世后，李叔同携母亲去上海生活，就是因为当时桐达在上海的生意可以支撑他们一家人的日常用度。

历经多年之积累，李家逐渐兴盛发达，但是由于族辈几代祚薄，家中子嗣不多，到李世珍这一代，家业光景不错，自然更想人丁兴旺、儿孙满堂。可往往天不遂人愿，李世珍共有四房妻妾，妻子姜氏育有一子，即李世珍的长子李文锦，文锦婚后亦育有一子，即李世珍长孙，可是长子英年早逝，长孙随后也夭折，大房一支只剩下几个寡妇；在李世珍56岁时，二房张氏诞下一子，取名李文熙，李世珍心想终于后继有人，可是李文熙从小体弱多病，李世珍又续了一房妾室，遗憾的是三房一直没有生育。

其实李家并非乏嗣无后，根据李世珍参加科考所填信息，他膝下还有6个女儿，由于旧时重男轻女，以及由儿子继承家业之俗，世上没有留下太多关于其女儿的信息。

迎娶第四房王氏的时候，李世珍已经68岁，可谓垂垂老矣，而此时的王氏只有17岁，两人年纪相差半个世纪，这在旧时并不鲜见。

李世珍乐善好施，积德行善，人称“李善人”。他曾主持创立“备济社”，体恤老幼病残，为乡邻捐赠衣物和粮食；建造避难所接收乞讨的人，让其免遭饥寒之苦。他还一心向佛，人们都知道李叔同后来皈依佛门，却很少知道他的父亲对禅宗也颇有心得。年老的李世珍常年焚香诵佛，也曾在佛前祷告，祈求上天赐予他一麟儿，可是多年来，眼看暮年将至，这样一位心存善念之人，一直遭受门丁单薄的困扰。这也成了一代富商李世珍最大的遗憾。

17岁的王凤玲嫁入李家

李叔同的生母王凤玲，原是平湖一商人家庭的女儿，出生于1861年。那年咸丰皇帝驾崩，由于战乱，王氏家道中落，落得个年近二十还待字闺中的尴尬境地。在古代，女子十五不嫁，家人就算有了罪过，十七不嫁，就成了“剩女”。这当然是封建礼教糟粕了。当李世珍派人上门求亲时，这对当时的王家算是得遇甘霖，所以，他们很快答应了这门亲事。

这场婚姻对于王凤玲来说，只不过是因父母之命、女大当嫁，不得不这样做。可她嫁给的是一个年近古稀、风烛残年的老人。对于李家来说，娶她过门，只为添丁扬眉。何其悲哀，却又无可奈何。

作为夫权的附属品，女子嫁鸡随鸡，逆来顺受，千百年的封建思想，让女子的命运笼罩在阴影下，听不见她们的叹息，看不见她们“夜深忽梦少年事，梦啼妆泪红阑干”；三纲五常束缚着她们，曾经自在的灵魂，在沉重的枷锁下被磨灭；为了取悦男子，她们的命运早已被厚厚的裹脚布所缠绕，一生囿于三寸金。

她正值芳华，面对未来，也曾倚窗憧憬，看那春树上的鸟儿成双嬉游。奈何家道中落，一个人的力量太单薄，到最后，自己也放弃抵抗，梦该醒了。在无数的议论声中，终于还是嫁了个“好人家”，深宅庭院，不愁吃穿，从那一天起，从前种种懵懂都会在往后不尽的岁月里变得模糊，而未来却不知道会在哪片落叶里飘零。

锣鼓喧天，鞭炮齐鸣，王氏女出嫁了，坐在八抬大轿上，她双眼含泪，别人嫁的是翩翩公子，而自己将要面对的却是一位年迈老人。虽然李家家世显赫、富甲一方，她也算嫁入豪门，可是在她之前已有三位“姐姐”，她之后的日子会是什么光景！老夫少妻的婚姻，免不了闲言碎语，深宅大院里没人敢议论李世珍，一切矛头自然指向了王凤玲。

好在王凤玲虽为商人之女，但是家中也算书香门第，从小受到熏陶，识文断字，诗文兼修，品行端正。后来李世珍去世，李叔同能有惊人作为，与生母的教导有很大关系。这是后话了。现在的王凤玲要想的是怎么在这里平安无事地度过往后每一天。她也自知处境艰难，作为第四房，娘家事业不振，身份低微，唯有谨小慎微、安分守己地活着。李家搬到粮店后街的大院，前院是桐达钱铺，后院是起居住所，她从未踏入前院半步，不到二十岁的她，就被深院锁住了自由和芳华。

李家生意兴隆，各业都有涉及，盐油粮票、珍珠白玉、锦绣丝绸，等等，每当有人往家里送来这些物件时，整个大院都会十分热闹，“三个女人一台戏”，按照伦理顺序，王凤玲位置最低，她自己也不凑热闹，尊卑有序，无法跨越，也无心冒犯。

悠悠岁月，不知怎样才能不那么熬人。好在上天垂怜，她很快有了身孕。她祈祷腹中是个男孩，希望可以达成李世珍的心愿。

老来得子，短暂的欢乐时光

清光绪六年（1880），已然到了深秋，距离王凤玲，也就是李家四姨太过门已经一年了。津城深秋的某一天，小商贩还是一如往常地叫卖，包子铺往外飘着热气，秋风萧瑟，已经有了几分凉意。

这一天是1880年10月23日（农历九月二十日），随着新生儿的啼哭声，李家大院迎来了欢声笑语，秋的阴冷被一扫而去，充盈的都是欢喜。李世珍喜出望外，这件事情似乎比中进士、入值吏部还要令他开心百倍，他出门将街上小贩手中的鱼虾尽数买下，放归江河。

老来得子，这大概是李世珍人生最后的愿望，现在终于实现了。

李世珍一直诚心礼佛，他常常虔诚地在佛前焚香诵经，感念上天恩德。如今老来得子，他拿出供奉在灯下的《金刚经》，庄严地再次读了起来。

据说在李叔同出生这一天，有喜鹊衔着松枝，飞入产房放下，便又欢叫着飞走了，大家认为这是天降祥瑞，认为这个孩子以后必定不凡。后来，李叔同将这根松枝带在身边，终身不离。

在北方清冷的秋季，李叔同的降生，像是一股暖风，给李家带来了希望，让男主人实现了愿望，给王凤玲带来了安慰。李世珍抱着刚出生的婴儿，发自肺腑地开心，忘了自己已经是个年近古稀的老人，甚至忘了给孩子取一个名字。经王氏温柔提醒，他才缓过神来，思索之后取名李文涛，字叔同，乳名成蹊，取自《史记》“桃李不言，下自成蹊”之意。李世珍想承欢膝下，这个乳名“成蹊”也有这一含义吧！

刚刚经历了分娩之苦的王凤玲躺在床上，看着这个老人抱着刚出生的孩子，画面形成鲜明的对比：一个已至暮年，一个是初生的希望，阳光照在他们身上，照出前半生的辉煌。她的心里喜忧参半，有了儿子，总是欢喜的；转念一想，她的使命已经完成，如今李世珍达成愿望，且年事已高，男女之情早已看淡，她终将就被遗忘在某一个角落，任凭尘世在她身上落满灰尘，再无人问津。这就是她的命运，从她进入李家，她的命运就已经明了，年纪轻轻却要忍受寂寞，好在李叔同的出生给了她莫大的慰藉。

李叔同降生后不久，李世珍举家从旧宅搬到了新的院子，并为前院客厅亲笔题字“存朴堂”。新宅院有一个花园，李世珍给它取名“意园”。赏花弄草，吃斋念佛，看似远离了世俗，可是终究逃不过名利，“进士第”和“文元”两块匾额还是高高挂在了门口显眼处，以此象征他的身份和地位。

一切都适时发生，如今的李家顺风顺水，李叔同还很小，李世珍看着这个孩子，只盼望时光过得慢些。李世珍对儿子的喜爱和期盼都是极高的，从选择乳母这件事情就可以看出：李叔同刚出生，他就命人找来了最好的乳母，与其他大户人家的乳母不同的是，李家的乳母是懂得学问，识得文字的，并且还能背诵诗文。关于乳母，李叔同在后来的回忆中说，乳母时常教他诵读“人穷志短，马瘦毛长”“高头白马万两金，不是亲来强求亲，一朝马死黄金尽，亲者如同陌路人”……

小时候家人的培养和熏陶，对李叔同产生了深远影响，在往后的三年多，岁月静好，李世珍看着儿子慢慢长大，李叔同也在这段时间里度过了美好时光。由于家庭条件优渥，李叔同比同龄人更早地接触到诗书、音乐、画报之类的东西，当时家中的洋书房是仿造西洋建筑，书房摆设精致，陈列着各式各样的新鲜玩意。根据李叔同回忆，当时书房里还摆放着一架由奥地利驻天津领事赠送的名贵钢琴，他从中获得了许多欢乐，这架钢琴大概是他的音乐启蒙工具。

从这里开始，李家的日常是这样度过的：以李世珍为主，他一心向善，老来得子，家业更趋发达，再没有其他愿望，便青灯古佛，日日诵经；大房姜氏、文锦遗孀、文锦的儿媳妇，以及三姨太郭氏，也都信佛，在家做了居士，或纪念亡故，或祈求平安。

在李家长子文锦去世后，二房张氏所生的文熙，变成李家第一顺位继承人，张氏明白儿子自幼孱弱，所以她一心一意地教导儿子，李叔同出生后，她很清楚其中的利害关系，自然对王氏母子二人没好脸色。王凤玲内心也清如明镜，但她无心争夺，只希望李叔同幸福长大，成为德才兼备的人。

全家大半的人都吃斋礼佛，李叔同在这样的环境中成长，思想上必定会有所触动。

命里有时终须有，命里无时莫强求。该来的总会来到，一切都是冥冥之中注定，只需静待花开。李世珍也许没有想到，自己一生参佛法，存善念，在往后的某一天，自己的孩子也遁入了空门。

父亲去世，母子相依为命

人生在世，世事无常，无常是常。谁都无法避免生老病死，谁也无法阻挡曲终人散，一时欢愉，不过是瞬息的繁华，万不可忘却盛筵必散。我们都是故事里的人，过程曲曲折折，沿途风景形形色色，可是结局早已注定，繁华落尽时，一切都成空。

故事还是发生在秋天，地点依旧在李家大院，可是这一次的秋风刮得过于凌厉，树上的黄叶不住飘落风中，似乎要把一切带走。1884年，李世珍身患痢疾，腹泻不止，各地名医皆诊治无效，为了寻求心灵的归宿，他请来高僧日夜祷告。在佛语声中勉强熬至寒冬，冬日一派肃杀景象，看不见暖阳，只有白茫茫一片大雪纷飞，李世珍知道自己大限将至。

李世珍的遗言简洁，但足以改变家里很多人的命运：由次子文熙继承家业，三子文涛（李叔同）以长兄为父，父亦是师。他说完便驾鹤西去。李世珍前半生考取功名，赢得尊贵的地位，后半生驰骋商场，也曾辉煌一时，赚取了万贯家财。如今，尘埃落定之后，生不带来，死不带去，一切都已成空。

顿时，满屋的女眷亲朋哭声震天，李世珍的四位女眷，自然哭得最为伤心，可是每个人的眼泪，都流露出不同的心情。大房早年丧子，跟着李世珍大半辈子，没有留下子嗣，在佛前参拜多年，但半生情分，丈夫离去时她依旧无法云淡风轻。

二房哭得声嘶力竭，但是李世珍遗言由文熙继承家业，她身为文熙的生母，自然母凭子贵，将来的日子不会太难。

三房生无可恋，遥想世珍当年，她初嫁了，雄姿英发，美人如玉，谈笑间，时光一去永不回，往事只能回味。当她年华不再，也因为没有生育而渐渐被冷落，最后落得孤苦伶仃，一个人在浮世飘零。

王凤玲心里知道，没有了李世珍，她和儿子的处境会更加艰难。二房处处提防，担心李叔同会成为李文熙的威胁，没子嗣的两房免不了会嫉妒生恨，慢慢疏远她。这些她心里都很清楚，但她在意不了那么多。李家如深水泥潭，她只能深一脚浅一脚地慢慢走，唯一让她欣慰的是李叔同天资聪颖，悟性极高。

尽管大家哭成泪人，一切事情还是在有序进行。李世珍的葬礼风光至极，灵柩在家停留七日，日日有僧人诵经，做法事，超度亡灵。在举行祭奠活动的几天里，仿佛一切都停止了，只有木鱼不断地发出声响，青烟缭绕，真如梵境一般。年少的李叔同每天看着僧人们诵经做法，他非但不害怕，反而觉得新奇，偷偷躲在帘子后面看着这一场祭祀仪式。

年幼的他，并不知道僧人做法的意义，也不知道父亲去了哪里，始终沉浸在孩童的世界，满眼新奇地看着发生的一切。他只知道母亲整日以泪洗面，伸出小手为母亲拂去泪水，然后又跑到人群中学起了僧人念念有词的样子。

由于李世珍生前担任过吏部主事，由朝廷派人为他主持葬礼，来的人竟是北洋大臣兼直隶总督李鸿章，他亲自参加葬礼并在“神主”灵牌上点写“主”字。总督大人身穿官服，庄严肃穆地完成仪式，文熙从他手中接过李家掌事大权。武官马三元为其“报门”，就是讲述李世珍生平，他高亢地讲述着李世珍的一生：李世珍，字筱楼，同治四年（1865）进士，官至吏部主事，辞官从商，心怀慈悲，济困扶穷，今寿终正寝，享年七十二岁，感念其功德，颂其美名……

从这一天起，李文熙正式成为李家主事，同时也成了李叔同的启蒙老师。年仅十七的文熙，临危受命，独自撑起家业，一个人负责李家大大小小的事务，经营李家各个钱铺，种种不易，可想而知。

王凤玲也开始教导儿子读书认字，母子二人相依为命，日子难捱了一点，但是看着李叔同慢慢长大，以及显露出来的聪慧，使她又看到了一点光明。她还记得在刚刚过去的葬礼上，李鸿章看见李叔同的时候，说他天赋异禀，日后必成大器。不可否认，李叔同身上确有一股超然的气质，所以总督大人才如此评价。事实证明，他没有看错，李叔同确实做到了“二十文章惊海内”，后来也成为了一代大师。诗词歌赋，书画音乐，金石篆刻，他样样精通；做老师，他培养出如丰子恺、刘质平、吴梦非这样杰出的人物。

岁月无声，滴落在生命的平湖，在母亲和兄长的引导下，李叔同走向了书里的世界。每天清晨，他都会按时去给几位母亲请安，他能看出父亲的遗孀们对自己生母的冷漠。他也能听到许多风言风语，说他母亲是小妾，说他是庶出。

王凤玲对那些言语早已听得耳朵起茧，也就不再觉得刺耳。她只想儿子好学成才，有一个美好前程。在大宅院成长的李叔同确实才华过人，更看淡人事浮华，他淡泊高远，追逐自由，最终在俗世之外，找到了一片净土。

存朴堂里的启蒙教育

这首《忆儿时》是李叔同回忆童年生活所作，诗中他年华灿烂、无忧无虑，数语表达出对童年的留恋。

春去秋来，岁月如流，游子伤漂泊。
回忆儿时，家居嬉戏，光景宛如昨。
茅屋三椽，老梅一树，树底迷藏捉。
高枝啼鸟，小川游鱼，曾把闲情托。
儿时欢乐，斯乐不可作。
儿时欢乐，斯乐不可作。

转眼间，李叔同就到了上学的年纪。依照家规，他开始随兄长李文熙在家中“存朴堂”学习。父亲去世后，兄长对他的影响是最为深刻的。李文熙，字桐冈，出生于同治七年（1868），比李叔同年长12岁，从时间上来看，文熙的许多习惯受到父亲和那个年代的环境影响，这也投射到他对李叔同的教育上。他们兄弟二人的身上都有父亲身上那股书生的儒雅，也有果敢、坚决、严肃的商宦之气。

李叔同5岁时，就跟随母亲诵读经典格言，6岁学习家规，7岁跟随兄长进行启蒙学习，背诵《三字经》《百家姓》等。李叔同8岁时正式拜师常云庄，攻读《四书》《孝经》《左传》《文选》等，与此同时学习书法、金石等技艺。13岁读《尔雅》《说文》，开始学习训诂之学，并习各家书法，在津门小有名气。年不过十五，他就写出了“人生犹似西山日，富贵终如草上霜”这种历经沧桑味道的句子。

李叔同在学习背诵《三字经》《百家姓》时就受到严格的训练，李文熙对他日常生活中的行为表现也十分关注，不得有任何僭越之举。

在那个年代，读书做官不仅是为了改变个人命运，也是光耀门楣的手段。“桐达李家”作为商宦家庭，也是书香门第，对于教育自然十分重视。读书对于经商来说，是锦上添花的事情，既可以辅佐商业，更可以获得功名。

所以兄长的严格也不是没有道理，只是这时的李叔同年纪尚小，尽管天资聪颖，但难免稚气未脱，贪玩了些。当他回忆起在存朴堂学习的这段经历时说，虽然每天被要求读书，但是他也怀念那段日子。

如今天津的海河东路和滨江道交岔口的李叔同故居纪念馆，是后人为纪念李叔同而修建的。纪念馆的建筑都是按照当年李家院子的风格建立。存朴堂门口两旁的抱柱上刻有清代刘文定的诗句：“惜衣惜食非是惜财缘惜福，求名求利但须求己莫求人。”李世珍以此告诫家人要珍惜粮食，勤俭持家，自强不息。李叔同在后来的演讲中回忆存朴堂的日子时说：哥哥常常教我念这个句子，我念熟了，以后凡是临到穿衣或是饮食的时候，我都十分注意，就是一粒米饭，也不敢随意糟蹋掉；而且我母亲也常常教我，身上穿的衣服，当时时小心，不可损坏或污染。

有一次，7岁的李叔同练字时，拿着一整张纸胡乱瞎写，一点不懂得爱惜，母亲看见了，便厉声正色地说：“孩子！你要知道，你父亲在世时，莫要说这样大的整张纸不肯糟蹋，就是寸把长的纸条，也不肯随便丢弃哩。”

这些件事情都是李叔同在存朴堂受启蒙教育时发生的，他在讲学时还记忆犹新，表明这对他产生了深刻的影响。

自幼天赋过人，勤奋努力

少年意气，在诗书和礼乐之中，逐渐锋利；字如其人的少年，陌上人如玉。他终究是不凡的，就算在李家大院，深深的宅门里面，高墙锁不住少年往外飞的心；就算他从小在非议和冷眼中成长，但是也丝毫不影响他才华的绽放。他就是那颗金子，在浮世中一朝发光，一鸣惊人。

李叔同15岁时考入天津的辅仁书院，这所学院创立于道光年间，是专门训练学生写作的地方，即学习八股文。可以看出，李叔同最初也没有摆脱科举考试的阴影。但是优秀的人总是这样，不是因为喜欢才去认真对待，而是主动把事情变成自己喜欢的，并且做得很好。

李叔同在进入辅仁书院学习前，就已经饱读诗书，所以他的成绩很优秀。他的文章和书法都十分优秀，在学校每逢考作文，他都文思泉涌，有写不尽的文字，但是答卷有限定，奈何纸短文长，便一格书写两字，因此他获得了“李双行”的美誉。当时辅仁书院实行奖励制度，常用金银赏钱来激励学生，李叔同的文章常常受到夸奖，也由此获得了许多奖励。

他还亲自抄录山西恒麓书院教谕思齐对诸生的《临别赠言》并且反复研读，因其中有应对读书考试的要点和准则，可见此时的李叔同对科举考试仍是十分上心的。

在家族的安排下，按照传统模式读书学习应试，李叔同都规规矩矩地做着，但是在这之外，他也广泛地发展其他兴趣爱好，拜书法家唐静岩为师学习篆刻，又在17岁时，拜天津名士赵幼梅学习诗词。

李叔同喜爱唐诗，尤其喜欢王维的诗，我们都知道王维诗以“诗中有禅”而闻名，后人称之为“诗佛”。或许这时的李叔同已经初尝禅学真味了。“君言不得意，归卧南山陲。但去莫复问，白云无尽时。”王维的这一份洒脱、豁达也是李叔同所熟悉的吧。“明月松间照，清泉石上流。”王维的疏朗之风与李叔同鸟衔松枝出生似是跨越千年的缘分。莫问缘由，道不尽的万千借口。莫问来路，说不完的朝朝暮暮；也莫问归途，归途胜却人间无数。

李叔同过着富家子弟生活，饱读诗书，才华横溢，他像是鱼儿，在大海里自由地穿梭。由于家世殷实，他也早早地接触过一些西方文化，他的生活都是被那宅院所安排的，不用考虑衣食住行，显达或不显达，都不必遭逢底层凄苦，总能安稳此生。可是由于几千年未有之大变局，晚清政府的腐败，外国侵略者用坚船利炮打开了中国的大门，进一步瓜分中国市场，时局动荡，家国有难，这激发了李叔同的爱国情怀。

他开始关心国事，极度厌恶旧制度，对于晚清政府的无能，他心生悲愤。由于外敌入侵，一些官员如曾国藩、李鸿章、左宗棠等人，意识到了中国与西方列强的差异，开展了一场向西方学习军事技术和工业生产技术的洋务运动。天津由于其地理位置的优势，成为洋务运动的一大中心，风云际会，各种西方思想不断冲击着这座城市，也给李叔同带来了强烈的震撼。

甲午战争后，李叔同开始接触西学，他写下两篇时事评论文章，其中一篇是谈外交的《行己有耻使于四方不辱君命论》，另一篇是《乾始能以美利利天下论》，谈及资源的开发利用。生逢当时，他已经渐渐接受西方文化，中外皆学，不再局限于旧文化，这也是他融会东西方艺术形式的开端。

家声的衬托，以及自身的才华，这位“桐达李家公子”初露头角，就已经众人瞩目，他诗书字画，金石篆刻，无一不通，无一不精，在津门达官贵族和文人雅士之间纵情发挥。但是在母亲和兄长的严格管教下，他倒是没有沉沦在这美梦之中，而是表现出高尚的情操，与其他富家子弟全然不同。

除去诗词书画，李叔同在戏曲和艺术方面也表现出极高的天赋。作为中国话剧的开拓者之一，他创办“春柳社”，并且男扮女装，为中国话剧发展开创先河。在天津生活的几年，李叔同的母亲有一个爱好——听小曲儿，在寂寞梧桐、深院清秋的时节，母亲带着他到戏院听戏，他慢慢地对那些唱词，那些戏中的人物，产生了浓厚的兴趣。李叔同成了戏院常客，也曾扮上行头，唱上一曲，戏里戏外，戏如人生，在宛转悠扬的腔调里，在次第开启的大幕中，他看见了她，从此一日无不思量，攒眉千度……

情窦初开，最美和最痛的回忆

明代汤显祖在《牡丹亭》中写道：“情不知所起，一往而深。”李叔同和初恋杨翠喜便是如此，只是因为在人群中多看了一眼，便可以抵过万年。

情窦初开的年纪，翩翩公子，窈窕淑女，谁不爱看？可年少的情愫，总是莫名开始，又突然结束。

只记得那时年纪小，你爱谈天我爱笑。不知不觉，一切都随风飘散。

曾经的山盟海誓，相互依偎，却也经不起造化弄人。

初恋总是不圆满的，有缺憾的，所以才让人刻骨铭心。

彼时的李叔同，已经渐渐长大成人，有着富家公子的贵气，有着翰墨书香的儒雅，清澈明朗，赤诚善良，活脱脱一个美好的少年郎。而杨翠喜已经是天津有名的伶人，如花似玉。舞台上的她光彩照人、婀娜多姿，用“五陵年少争缠头，一曲红绡不知数”形容她也不为过。

某天午后，李叔同走在放学路上，报童举着报纸高声喊道：“天津第一名伶杨翠喜夺魁沪上，一出《拾玉镯》精彩绝伦！”他买了报纸，打开一看，头版头条印着杨翠喜演出的照片，照片中的女子即便只是安静地站在那里，就已经是遗世独立的风景。这一眼，他心中就如同万物复苏，又有春风拂面。从此每逢杨翠喜演出，李叔同必然端坐在台下第一排。

戏台上，一曲终了，人们竟相散场。戏台下，暗香浮动，人影绰约。这名女子就这样走进了少年心里。多年的漂泊生涯，杨翠喜本不在乎找寻依靠，这么多年也不乏公子王孙的追求，看多了人情冷漠，那些人不过贪图美貌，只求片刻欢愉，她都不曾动过心。

如今，面对台下这位常客，她心里好像有小鹿乱撞，他是远近闻名的才子，也是“桐达李家”的三公子，偏偏又这样深情，就像是注定了一样，他们就这样相遇、相知、相爱。

她在李叔同的眼睛里看到了真切的爱意，那是不同于其他公子王孙的爱，他理解她，懂她的无奈，也懂她的才华。她在李叔同的爱意中感受到温暖，她也成为李叔同美好的初恋。

每天戏院散场，李叔同都在后台等着杨翠喜，提一盏灯，送她回家，寻常巷陌，他们并肩走过，也曾饮酒作乐，醉倒温柔乡。李叔同后来写过一首《菩萨蛮·忆杨翠喜》来纪念自己的初恋，诗句读来，饱含深情与爱意，他爱她，毫无保留，用情至深。

燕支山上花如雪，燕支山下人如月。额发翠云铺，眉弯淡欲无。夕阳微雨后，叶底秋痕瘦；生小怕言愁，言愁不耐羞。

晚风无力垂杨懒，情长忘却游丝短。酒醒月痕低，江南杜宇啼。痴魂销一捻，愿化穿花蝶；帘外隔花阴，朝朝春梦沉。

他把她拥入怀中，任凭世事无情，他希望就这样和她相伴到老，在少年白衣飘飘的年纪，他是幸福的。她想也许好戏会散场，繁华会落幕，但是在他怀中，似乎时间都已经停止。他们彼此拥有，即便末日来临，也可以从容地牵着对方的手走向未知的黑暗。

是的，抛开一切俗世眼光不管，他们郎才女貌，如同璧人一双；他们两情相悦，应该今生得配。但是封建礼教的顽固，仅凭两个人的力量是改变不了的。

就在他们如胶似漆的时候，外界的风言风语已经满天飞，说“桐达李家”三公子迷恋风月场所，和戏子伶人共赴良宵；说李叔同虽为才子，也是个风流情种……这些话传入王凤玲的耳朵，就连李文熙也责怪她对李叔同缺乏管教，导致其迷恋戏子。家人对他们母子更是刻薄，眼神里充满不屑与鄙夷。

王凤玲着急了，纵然学过诗书，懂得知识，可是作为母亲的她，作为李家四房的她，终究跨不过世俗的门槛。她一面阻止李叔同再去戏楼，一面忙着张罗李叔同的人生大事。

李家毕竟是名门望族，多少人想来攀这一门亲，王凤玲每天看着各家女儿的照片和生辰年月，精心挑选。她想着只要儿子一成家，自然就收心了，到那时也可以安心学习，考取功名，为家族争光。

李叔同一开始并不同意母亲为他张罗亲事，此时他的心里眼里只有杨翠喜，心中再无让别人驻足停留之地，可是他不愿违逆母亲，即便万般不情愿，也只能被迫接受。他告诉杨翠喜自己会回来的，杨翠喜也坚信并等待他的归来，可是造化弄人，最终这段短暂地出现在他们生命里的感情，迅速退场了。

李叔同就这样被家里安排了婚事，纵然情深意浓，他只能和她分开。从此无心爱良夜，任他明月下西楼。杨翠喜又回到了从前的孤独。不，是更加的落寞。戏台上，她突然懂得了那许多的唱词，那戏如人生，多情总被无情误，可是这唱词也唱不完人世间的无可奈何。他们因戏生情，因戏分离，台上台下，才子佳人。这戏里戏外，竟不能容下他们的爱情。

随后，李叔同参加了科举考试，当时清朝已是千疮百孔，时局岌岌可危，孔孟文章、时文策论救不了当下的危急。因此对于这繁旧而无用的科举应试，他心中一百个不情愿，可是家族的责任，母亲殷切的期望，他都不忍辜负。意料之外，情理之中，李叔同科举失败了。

如同千年前，那位风流倜傥却又怀才不遇的柳永，屡试不第，只能在烟柳巷抒发心情，此时的李叔同大抵也是这样，忍把浮名换了浅斟低唱。再后来，他从这些名利声色、风花雪月之中跳脱出去，竹杖芒鞋，于青灯古佛间，看落花有意，流水无情。

母命难违，娶妻俞氏

父亲在李叔同幼时撒手而去，恰逢时局越发动荡。凄凉世间，人心岌岌，李家给不了他快乐，母亲却一直对他呵护备至，不让他受一点委屈，对他的爱可说毫无保留。故此，李叔同无法违拗母亲的安排。

母亲认定南运河附近茶商俞家之女花容月貌、端庄持稳，是为良妻之选。李叔同无从辩驳，娶便是娶了，只是并非他心中的白月光。母亲还答应他事后可纳杨翠喜为妾，可明媒正娶的妻终究不姓杨，故而伤怀难免。

俞氏家境平常，却温婉端庄、眉清目秀、知书达礼，如此娇良女子许给何人都免不得诉一世红尘佳话，可她嫁的却偏偏是那个早已情根深种，虽不能忤命，却不肯违心的性情中人。

兄长李文熙特拨三十万元给李叔同做婚后安家用度，李叔同转身就花费巨款买了架昂贵的钢琴，谱曲奏章，留恋津门戏场。

北方的冬天向来萧瑟，冬日的城一向凄清。但那日鞭炮震天响，火红碎屑映透了天津城的半边天，世人皆知那位才高八斗的“桐达李家”三公子要娶亲，便是不吃酒席，也要来看看热闹。

俞氏新人凤冠霞帔，款款而行，踏过那道很多女子曾踏过的门槛，同她们初始一样存着期盼与幸福梦。可越是富贵权重之家，越是身不由己，处处透着荒凉。可嫁了便是嫁了，只是她若能透过红盖头看到身旁那张孤傲清冷的脸，或有伤感，又或无须在意。

婚宴如此盛大，与他李叔同好似并无瓜葛。红烛罗帐，美人在榻，月下良辰，当是春宵一刻浓情蜜意时，他于她却只有相敬如宾。此后的无数个夜晚，皆是如此。据李叔同的儿子李端说，母亲俞氏性情温婉、软弱，在父亲面前时常露怯。总之李叔同对俞氏说不上喜欢，也不厌烦，便是后来对她有所愧疚，也仅此而已。

世人常说，人生路太过漫长，长到可以消磨掉一个人所有的意气风发；人生路又太过短暂，片刻便会失了心中城池，成为空洞的活死人。可话本里的一生也要叠加上几十万字才肯终了。花开花谢，缘聚缘散，生老病死，行至终点也许只剩孤身一人，可灵魂早已丰满将溢。

李叔同是常人又非常人，他脚下的路注定遥远。恰逢乱世，他骨子里孕育着不羁的思潮，早已看清这个清王朝已无转圜之力。朦胧烟雨中的紫禁城不见雄伟，更是难掩清廷的败落。

李叔同志不在仕途，更不会为腐烂生疮的旧制度卖力。他淡泊名利，故而当别人因科举失利懊丧时，他却如天边的云、柳间的风洒脱不拘，不求虚名，只做那推盏低吟的白衣少卿。

新婚燕尔、如胶似漆，本该常态，可李叔同自始至终不看重这段婚姻。俞氏只是个熟悉的陌生人，他无法对她过于亲近，更无从许下天长地久。纵使他心中绞扯着万千缠绵情话，也是为住在天仙园里的女子备下的。

李叔同终于忍不住去见了杨翠喜。有情人隔时相见，分外亲昵。她知他无奈，虽只有几日温存，便做他几日红颜。人间聚散，本就反复无常，至少，她此刻是扎根在这位才子心底的。

李叔同偶尔会登台唱上一曲，她为他上妆，他唱着她选好的曲子，举手投足，有模有样。李叔同就是这样，从来不会循规蹈矩，但无论做什么，绝不会让自己失望。常人之路他避之，寻常之景他无视。风花雪月于他诗词中温婉，青山烟云于他画境中恣意盎然。这样不寻常的人，或许真是错入了凡尘，最终也将红尘抛却脑后。

李、俞婚后次年，注定燥热无比的夏日，伴随戊戌变法的擂鼓之声，陈腐的时局有了被撼动的可能。但年轻的光绪帝和一帮有志青年终究太天真。仅百日，维新运动便草草收场，光绪帝被囚瀛台，谭嗣同等六志士血溅刀下。

戊戌变法与李叔同本没什么关系，可随着缉拿维新党人之势越发激烈，但凡与康有为、梁启超有丝缕关系的人都会受到牵连。传说李叔同的一枚印章上偏巧刻着“南海康君是吾师”的字样，因此受到牵连，随时有可能被抓去。

于世人眼中，李叔同是个留恋风月的文人才子，但他对时局政治看得透彻。那时的北方已非栖身之所，不如南下上海，那个他期许已久、思想新潮的人文集萃之地。母亲王凤玲同意南下，她也厌倦了这宅院里的生活，自己还不到40岁，却已被这勾心斗角、寂寥岁月消磨得老态龙钟。至于俞氏，沉默是她一贯的回答。

上海是个好去处，作为近代以来的开埠之地，没有太多的陈旧桎梏。那里尚未被沉迂剥去自由，文人雅士徜徉于灯火璀璨中畅所欲言。李叔同早已迫不及待，只是这座旧城之中还有令他牵肠挂肚的人。

李叔同站在台下，杨翠喜站在台上，喝彩之声淹没了这方天地里的死气，但他眼里透着悲伤。杨翠喜清楚他的人生注定与众不同，也注定漂泊，她留不住他，也不能留他。他说会回来接她的，她点头。可世事无常，后会有期，还是后会无期，又有谁能笃定呢?

第二章

迁居上海

19岁的李叔同初到上海，他风生水起的人生大幕就此拉开。他加入当时颇为时尚的“城南文社”，首次参与征文就获得第一名。他与许幻园等四人义结金兰，号称“天涯五友”。他考入南洋公学，师从蔡元培。这是他“二十文章惊海内”的时期，是他最春风得意的时期。李叔同25岁时，母亲病逝，他结束了读书奉母的六年，只觉人生悲凉。

抵达上海

一座城容得了平庸，装得下繁华，忍得住硝烟，负得了屈辱，却留不住即将远行的人。津城故梦，是多少游子的乡愁，又是多少人人生路上掠过的一处风景。李叔同向来有主见，总是向前看的，昂首阔步，追着梦境深处的诗与远方。

戊戌变法失败，令这位慷慨陈词“老大中华，非变法无以自存”的文人墨客怅然伤怀。历史变革向来沉重，总要有些人为此付出代价，也许时候未到，也许已然开篇，只是没想到会这么残酷。李叔同要走了，带着母亲和妻子决然踏上南下的路，他没有回头，对这座装满了遗憾和清冷的城，无需太多留恋，况且他此去避难，更要走得不能迟疑。

津城慢慢淡化在烟云里，蓦然间，有个女子在李叔同心里低吟浅唱，她笑吟着春花秋月，眉宇间淌满悲伤。可他，不愿如此。

上海是一座包容性很强的城，无论清末动荡，还是民国硝烟，都是如此。只是乱世之中，焉有完卵，百转千回的故事将路染上了沧桑，灯火阑珊处，不夜城中尽是未眠人，少有矜持，肆意欢畅。

陌生的上海，陌生的人文气息，风尘仆仆的来客，19岁的李叔同按照二哥李文熙的嘱咐，带着书信前往李家在申生裕钱庄设的柜房拿取家用。他虽已成年娶妻，但毕竟只有19岁，涉世未深，尚有腼腆之情。可时也命也，有些事情只能由他出面处理。于几分忐忑中，李叔同租下了法租界卜邻里的几间旧屋。跟过去相比，环境是欠缺了些，但总算有了落脚之地。人便是这样，有一瓦遮掩，亦是归心之所，踏实下来，才能去做自己的事情。

初来乍到，总是新鲜里强压着激动，李叔同倚栏而立，静静等待着摄影师为他开启新的篇章。是的，李叔同来上海的第一件事情便去了照相馆，一个人，青涩中含着儒雅，面容清秀、玉树临风，神色笃定。他自信手中的笔墨可以为他在上海圈出一方天地，但他不知，那即将卷起来的烟云远比他预想的还要盛大。

漫步而行，上海滩繁华又萧瑟，街头巷尾吹拉弹唱，行人匆匆缓缓，沪上生活像极了喷薄的火焰，炽烈且疯狂地撕灼着他的每一根神经。或者李叔同与这座城前世便订下了契约，他是一定要来的。闲庭信步，脊梁挺拔，幼时便累积起的文学素养和高傲令他不允许显露落魄，便是避难，他亦要做那陌上公子，如玉如砚。

上海文坛人才济济，他一个外来客，若想正名齐身，免不了花些心思。文人的圈子自是要以诗会友，以词章显声。“桐达李家”的财势虽然趋渐下坡，但也足够他们当下衣食无忧。闲情有之，笔墨有之，李叔同挥毫泼墨，脍炙人口的溢美诗词信手拈来。作为初现上海文坛的见面礼，他把作品一一投给了报刊文社，并时常参加文人集会，结交志同道合的文人墨客。滴水入海尚有余波，李叔同的才华很快在这座城里漾起涟漪。

乱世中，普罗大众为果腹蔽体不得不拼命挣扎，而李叔同却心中清明，披星戴月煮诗烹词。他是简单的、纯粹的、风雅的。李叔同的名字也很快在上海这片充满灵气的土地扎根发芽。不过月余，颇有名气的“城南文社”便向他抛出了橄榄枝。人们对这位北方来客格外好奇，虽早已有所领教，但闻名远比不上眼见实诚。

儒生张孝廉为李叔同拟入社文题“朱子之学出于延平，主静之旨与延平异又与濂溪异，试评其说”，又拟诗题“拟宋小玉言赋”。李叔同气定神闲，笔落从容，如行云流水，洋洋洒洒。他似是天生腹有诗书气自华，文笔豪放、理念新颖、才华卓越，那首《拟宋小玉言赋》更是名列月会第一，荏苒间便让他坐实了“文社新星”的头衔。

文社置于城南草舍之中。亭台水榭，小桥流水，山石草木，江南的景里盛满了诗韵。站于苍竹下，即是一幅不染尘世纷扰的画。李叔同喜欢这里，不仅仅源于这份诗情画意，更是因为这里有着同频同志，有可一起畅怀浅唱的知己。

他是月、是风、是堤岸的柳，无人会把他比作市井瓦巷的砖。他一身净衣，宣誓着与名利的隔阂，他的眼睛如深井幽泉，清澈、深邃。对李叔同而言，市井繁华、财富名利，都比不上与三五知己浅酌当歌。正是他这样的性子，赢得了文社众人的好感。

“城南文社”的发起人许幻园多次举办有奖征文，李叔同的作品便是多次拔得头筹。许幻园是爱才惜才之人，他在自己的城南草堂兴办文社，便是想广结天下有才之士。在多次接触和交往中，许幻园惊于李叔同的不世之才，他满身清淡，心性纯良，从不虚与委蛇，言语之间彼此甚为契合，遂引为知己。

蜻蜓点水，小荷初绽，便是这孟夏时节，李叔同受许幻园之邀，携家眷搬进了城南草堂。许幻园更是亲自辟出一室，为其题名“李庐”。据悉，李叔同在这里创作了《李庐印谱》《李庐诗钟》《二十自述诗》，可惜这些佳作多已失传，只残留几页篇章。

知己相邻，便是数不清的清风朗月，温酒相惜。在这里，李叔同体会到了前所未有的畅快，却也勾起了些许伤感。许幻园和妻子宋贞是人人称道的神仙眷侣，他夫妻二人才华并溢，亦师亦友，常于草堂后的天籁阁中颂诗舞墨。无数个梦回夜绕中，李叔同拂袖执笔，一旁良人红袖添香，再醒来，原是痴梦一场。那个懂他的人，还在遥远的北方，曾想过接她来此，可宿于他人屋下，终究不妥。而妻子俞氏，贤惠、善良、谦卑，却过于怯弱、沉静。两年时间，都不曾四目相视，又如何盼她有朝一夕能与他诗文唱和！

置身红尘，便是有所求的。当所有人瞩目他的才华时，又有谁看到他的寂寥？

春华秋实月朗朗，鹊儿念枝梢，是为“喜”乎？诚然，俞氏有喜了。这大概是最值得高兴的一件事情，李叔同自是觉得欢喜，却也有些伤感。在混乱的世道里活得清醒的人，也最痛苦。他太了解自己，故而迷惘。他这一世，本意闲云野鹤，游走四方，吟诗作画，弹琴摹词，这才是他想要的生活。但俗世间的规则如此，万物皆寻常，通往无常的门一日不开，便是还有未经历的因缘。

城南草堂的天涯五友

花前廊下风无两，酒一壶，杯几盏，蛙与蝉声，无言亦有言。月躲云山后，夜幽幽，依窗望去天寂愁。风落桌案烛，心安安，是有同人浅唱捎。

无数次怀想，世间疾苦实在算不上什么，便是身心俱疲，若有片刻安心，有三两好友围炉夜话，纵是唠些家常八卦，无须奢华酒菜，一盘豆子，一瓶小酒，喝到面红耳赤，话到喊喊嚷嚷。痛快了，便是人间值得。只是生逢乱世的人总觉得选择太少，心如浮萍，急躁难安。却有几人记得，人生来是两手空空，再简单不过。陈杂的生活压垮了太多人的心智，有多久未曾抬头看天边烟云，卷卷舒舒。尘世岁月纷纷扰扰，多少鬓白老人蓦然回首一生，竟空空如也，曾意气风发的少年，不知不觉间，早已弄丢了自己。

烟火中，李叔同不急不缓，徐徐行来，衣衫工整，面色清俊，眉宇间傲气凛然。他是深夜雾隐中的一盏灯，永远清楚路通向何方，保持自己喜欢的姿态，过着稀稀疏疏的日子。独自一人时，偶有刀刻木篆，时常执笔填空阙，提酒论风月，好不潇洒快活。彼时他亦会与几位交心好友相聚。

“人生难得一知己，千古知音最难觅。”城南草堂的生活是李叔同一生中最快乐的时光。除了许幻园，他还与袁希濂、蔡小香、张小楼三位名震上海的文学名人相识相知。五位年龄相差无几的才子，虽各有所长，却一见如故，惺惺相惜。每每得空或借着许幻园邀约集会之时，总要提了酒来，围坐于草堂畅饮一番，吟诗作词，推杯换盏。

谈笑风生间，李叔同总是淡淡的，从未过分将喜乐形于色。四位好友知他性情，便是荒山野屋，可奉酒吟诗，他就是快活的。酒逢知己千杯少，他却很少在知己面前饮醉。他虽置身其中，却更像是早已远离纷争的看客，静静欣赏着身处红尘中的每一位过客。他静谧的模样令人不觉深爱，亦使人因这份孤寂而忧心。

不管怎么说，此时的李叔同是快乐的。

城南小住，情适《闲居赋》。文采风流合倾慕，闭户著书自足。

阳春常驻山家，金樽酒进胡麻。篱畔菊花未老，岭头又放梅花。

透过他填的《清平乐·赠许幻园》一词，足以猜得到那时的李叔同与至友之间的情趣盎然，时光欢暖。

把酒言欢，情高谊满。人生得遇一知己，夫复何求，何况三五知己，更是难得。这五位令人羡煞的翩翩佳公子终究撩袍挥袖，义结金兰，遂号称“天涯五友”，日日饮酒颂歌，恣意快活。

许幻园之妻宋贞作《天涯五友图诗》五首，其中咏诵李叔同：李也文名大似斗，等身著作脍人口。酒酣诗思涌如泉，直把杜陵呼小友。

来而不往非礼也。李叔同回宋贞一首七绝：门外风花各自春，空中楼阁画中身。而今得结烟花伴，闲管人生幻与真。悠悠无风的洒脱之意，展露无余。

适时，上海知名报社《中外日报》刊文，赞誉李叔同“书则四体皆擅……人争宝贵”。

外界评价如何，李叔同从未在乎。“天涯五友”在整个上海文坛被传为佳话，他也不曾关注。名利在他面前微小如尘，还不如一句脍炙人口的诗词能令其满足。

除去喧嚣，不念晴雨，有好友相伴，屋沁酒香，管他四季多无常，日子便是美丽。草堂小舍，曲径幽深，日月沾染了诗意，便是潮热的风也彰显出了风雅。竹案上有五杯酒，一杯敬风月，一杯洒红尘，一杯忆往昔，一杯诉情肠，一杯空心神，或者，还有其中一杯是度空门。

弯月如钩映于酒中，两三知己对饮唱和，李叔同沉浸着，静谧着，欢喜着，期许这样的岁月且常且长。

入草堂的第二年，不燥不寒的阳春三月，几个熟悉的身形，或谈笑或赋诗，在祥和气氛中结伴同行。不多日，“海上书画公会”正式成立。作为发起人之一，李叔同与许幻园、张小楼、吴宜中等人筹谋许久，首要刊登一则消息，书画公会的报只刊登书画、篆刻作品，其余新闻娱记概不刊载。这开创了我国书画艺术专报的先河。

诗词达情，章画生韵。文人的风雅，非聚在一处不好彰显。书画公会为散落各处的画刻大家提供了品评之所，李叔同也于此结识了上海名画家任伯年、朱梦庐等。

无论哪个年代，没有经济压力的生活总是恣意的。“桐达李家”在上海钱庄的柜房会定期拨钱下来。至少，李叔同喜欢现在的生活：有诗词篆画抒情，有知己好友对酌，有闲情逸志，充实且快乐。

当真选了最好的时节，随一声响亮的啼哭声，李叔同的长子（实为第二个儿子）出生了。母亲与妻子欢快，好友纷纷来道喜。一派洋洋喜色中，李叔同静默着。也许文人天才与寻常人对世事的理解总有不同，他可画日月盈亏，作吟山河无恙，对家常俗事却总不擅长。李叔同为长子取名李准，于恍惚中写下一片自嘲，一片惆怅：“梧桐树，西风黄叶飘，夕日疏林杪。花事匆匆，零落凭谁吊。朱颜镜里凋，白发愁边绕。一霎光阴，底是催人老。有千金，也难买韶华好。”

母亲始终对李叔同寄予厚望，希望儿子能考取功名，而不是整日宿醉于他人屋下，与那些虚无缥缈的诗情画意纠缠不清。母亲的期许，李叔同懂得，只是他不喜名利和无谓争端。

那年，李叔同机缘巧合下购得一方汉代甘林砚，乾隆年间的大才子纪晓岚亦曾是其主人。如此深缘，李叔同分外珍惜，不日刊登征集广告，以纪晓岚亲撰的《砚铭》作引，寻各方名士为古砚题诗。他亦将古砚拓了几十张，赠与文界好友。沪上文人雅士蜂拥而至来为古砚题诗。李叔同将入选的三十九首诗题，与纪晓岚的《砚铭》和古砚拓本，编入作卷，不吝赠给至交好友。李叔同便是如此奇人，能令之废寝忘食的，唯有水墨诗词，以及传承了几千年的文化与新知，而非名利、俗事。

是日，酒香迎鼻，袁希濂扬起一壶酒，他便与之结伴离去，月下温酒兴诗；是日，张小楼寻来几幅名家字帖，他立刻扔下笔墨，与其池边谈笑；是日，许幻园行至他案前，在其画作上随性点戳，他笑曰平凡之中多了风情。

独处时，李叔同也能过得悠然。他的那方天地，寒池清幽，风孤山空，却溢满词赋，长满诗月。但他亦喜欢与知己好友相伴的日子。芸芸众生，知己难求。再喜孤独的行者，红尘婆娑中，也想有个能懂他真味的人。李叔同有雅兴，有闲情，更有知己懂他的孤与喜，懂他的情与真，懂他的悲与桑，他幸甚之。

稀稀光影斗廊间，觥筹粼粼卧席欢。三两知己刚刚好，对空邀月月羞眠。婆娑间，恍惚然，与君梦桃园。

时局动荡中返津探亲

春色阑珊，日光夹裹着暖色，生气破土而出。陈旧中拓满岁月斑驳的窗子，因为湿气显得氤氲。雾气袅袅中走来一位英俊的公子，他抖了抖长衫上不小心沾染的草露，摘下帽子用手掸了掸，又重新戴上。干净、略显苍白的脸上，似是焦急，眉宇间稍有忧色。他是来向母亲问安和告别的。

李叔同突然决定要回天津看看，那里刚被八国联军的战火烧过，不知兄长他们可安好。母亲默默坐着，来上海许久，她却从未怀念过津门李家那座大院，如今叔同提起，心里只泛起一丝冷漠，但她不会拦他。

俞氏怀抱着小李准，嘴里悠悠哼着歌儿，自始至终未抬头问上一句。初相遇时，她有过举案齐眉的期待，只不过她等得实在太久，久到已经麻木。她会做个贤妻良母，这是她唯一能做的。

玉坠似的星河太美，美到容易使人动情，勾起尘封过往。当初太匆忙，以为可以决绝，但他不是凉薄人，对家乡总有难以割舍的羁绊。一声叹息，苦咸苦咸的海风涌入喉咙，不知旧城故人可安在。

一路上，他设想过多种再见时的场景，搭建了无数可能。可当船驶进大沽口，他震惊了。残垣断壁，破屋断瓦，老翁蜷缩危墙下喘息……一场又一场腥风血雨的画面如炼狱图侵入李叔同的脑海。一路走来满是哀，他除了怅息，便只剩对无能当局的暗骂。不知城内又是何种境况，李家有没有渡过劫难，那个高高的戏台和台上的人还在不在。顾不上休息，李叔同赶去火车站，车已经离去多时。无奈之下，他在附近找了家旅馆，没有窗，没有床，裹紧衣裳像其他客人一样找个角落静静坐着。虽有些狼狈，可比起整个国家正承受的屈辱，真算不得什么。

次日，李叔同伴着夕阳进入城内。同样是被战火摧残过的地方，果然是同一种苍凉模样。曾经华灯绕梁、热闹繁华的天仙楼，如今在余晖中摇摇欲坠，台下是灰烬，台上尽沧桑。隐约中一位女子款款而来，半袖遮面却掩不住一身风情。他忍不住上前，不想她瞬间化作万千光点。当他决定要回天津时，她便时时窥入他的梦境。那个叫杨翠喜的女子，始终是他懵懂情感里的一抹春意。他是带着一丝希冀归去的。

曾以为离别最难，如今才知重逢不易。那些被遗漏在时间里的人和事，与他脚下腾起的灰烟，终会被重埋。

大门紧锁，曾经不可一世、宾朋满满的“桐达李家”大院，只剩下萧瑟寂静。站在门前，李叔同说不清心中滋味，这里曾有他的年少轻狂，有他的意气风发，有印象模糊的父亲，有母亲失落的青春，有母子经历过的所有冷暖炎凉。如今一把锁，倒将那些过往锁得干净。

世事沉浮千年万年，人如同一瞬即逝的流星，不过都是临时过客。

李叔同得知，为躲避战火，兄长李文熙带着一众家眷避祸河南。他虽怅惘，但知晓无恙，心里多少宽慰。李家既已归不得，李叔同只好拖着行囊，去城东兄长的岳丈姚家暂住。

曾经的挚友，昔日的津门名流听闻李叔同归来，纷纷赶来与他相聚。见面时，彼此激动相拥，险些热泪盈眶。坐下来后，却不知话从何起。沧海桑田，物是人非。过去吟诗作画赏尽风月，常被笑称津门翘楚，此时酒过穿肠，却皆是悲凉。

同是天涯寂寥人，相逢不忆少年时。遂知往来无时日，清风晓月伴君行。家国多难，世事皆在颠沛流离，没人能确定明日大家是否还能欢聚。是以几日来，李叔同与四方好友往来不断，偶尔还会来几位日本友人，一来二去熟悉过后，虽言语不通，彼此却在笔墨中结下君子之交。这个骨子里对文化极度痴迷的人，初次参悟异国书法，对其不同于中国书法的美感所动容。感慨之余，李叔同赠予好友一柄折扇，将张祜的《宫词》题于墨扇面：故国三千里，深宫二十年。一声何满子，双泪落君前。

初春的风，时暖时寒，吹过津门，透着彻骨凉意。离开姚家后，李叔同在一家旅馆歇下。有一种说法，说他那时是想寻找许了一句承诺的女子，可终是镜花水月一场空罢了。曾经，她为他研墨，只愿作他画中娇娥，他为她谱曲，台上一同倾尽风花雪月。彼此默契相守，却未曾提及共赴白头。也许正因为没有这承诺，他走了，她也走了。

花开有时尽，聚散总无常。李叔同与那女子的故事如水东流去，或有悲伤，愁数葬进时光里。

一场厚厚的春雪盖住了这座有些飘摇的城。一片银装素裹，遮住了残垣断壁，让人怀疑那场硝烟许是一场噩梦，这依然是那座盛满温柔的城。只是，暖阳初上，冰雪消融，狼藉、疮痍，又重使人们陷入无尽伤痛与愤恨。

择一日，李叔同去拜访津门书法名家赵元礼。战火让津门百姓流离失所，赵元礼与好友集资，在育婴堂设立收容所，收留无家可归的孩子并招纳志同道合的志士。凡有大情怀者，李叔同总要结识一见，也许这就是志合者惺惺相惜罢。

原本要转去河南看望兄长，却因一些无法抗拒的因由，不得不放弃。他要回上海了，到了与这座城、与那个再也未见的知音告别的时刻。站在船上，他望着渐渐远去的塘沽口，这里原本不该是这个样子，他的家国，究竟还要遭受怎样的磨难才能挺立起来！

感慨沧桑变，天边极目时。

晚帆轻似箭，落日大如箕。

风倦旌旗走，野平车马驰。

河山悲故国，不禁泪双垂。

当他作下这首《登轮感赋》时，内心该是何等惆怅！他的这份感伤，又有谁能为其拂去一二！

忧愤中寄情声色

鸿雁北归，有人南回。说是归去，茫茫山海，烽火弥漫，哪里才能装得下一世安宁？李叔同不喜这样的世道，它的浑浊、不公，它的软弱、放纵，为这尘世带来太多凄楚。他是想反抗的，却一时间找不到出口，于是悲伤、沉寂、怅惘，糟糕的情绪如溃堤泥浆，拧成了一条粗重绳索，把他的身体五识狠狠捆绑住，然后无情地丢进一个无底深渊。

津门一行，没人知道李叔同究竟经历了些什么。只知他回来后，变得沉默寡言，眼中再无昔日风采。他把自己锁在一间屋子里，像是要与整个世界隔离，不与任何人沟通，整日埋头伏案，写写画画。地上，床榻上，散落一屋子的诗画乱章。日月显得悄无声息，觅过树梢间的风绕走窗前，似乎全世界都与他绕行。

他这般模样，母亲有心疼，也有失落。22岁，依然无功名在身，如今携一家人宿于客宅，无一事是如她意的。俞氏默默为丈夫整理衣物，他们之间从来少言寡语，如院墙处的青竹，四季常伴，却甚少瞧彼此一眼。

国破山河在，枯木难应春。悠悠北上，寞寞南归。他心里盛了一路落寞，写下一篇又一篇哀惜文字。屋子里的岁月无长无短，却转眼已是蝉声响亮的夏天。停下笔的那一刻，他面色无悲无喜。终于，他把往返津门路上积攒的手稿辑录成《辛丑北征泪墨》，记录见闻：游子无家，朔南驰逐。值兹离乱，弥多感哀。城郭人民，慨怆今昔。由此可窥见他的一二悲恸，着实难纾。他又把复辑出的一册，寄给天津的赵元礼。

灰色大地，灰色的天空，《辛丑北征泪墨》如一抹异彩，在上海文艺界掀起许久风光。可李叔同依然沉默寡居，他向来知道，所有的荣耀不过刹那烟火，波涛汹涌后，总会归于平静，然后消弭于寂。朋友清楚，他还没有从一路的灰烬中挣脱出来，家国在他心中的分量太重，重到一丝亵渎都会让他陷入忧愤的井底。没人知道这极端的性情于李叔同而言，究竟是好是坏，这一生，他走了太多不寻常的路，连后人也难以评说。

炎炎夏夜，蛐鸣声幽瑟，玄月孤清。好友挽着他朝一场风月走去。一开始，他只当走个过场，孰料画面里走来一束夏荷，清丽温婉，气质脱俗。

风华氤氲的公子，漫步在雨后初晴的灯火中，身后传来绵绵清婉的喊声“先生”。他转身，她一身素雅，安静地站在一棵树下，身后衬着万千繁华，眼眸里盛满星河。她叫李苹香，是天韵阁的主人。

这是世外风月处，没有撩姿取宠的戏子，没有一掷千金的恩客，只有研墨的香气和文人的雅静。一声“好诗”，引来无数人观摩与赞许。李苹香轻托稿纸，发端流苏摇曳，眉宇间似静含喜，只道一句“不错”，便引无数风流才子痴情瞩目。她没有倾国倾城的姿容，却有不同于寻常女子的淡雅和肃穆，一双眸子秋月沉池，似是早已洞穿世事。

从李叔同进入这里，她就注意到这位陌生的客。沉沦风月的人，自是一阵风过，也能嗅出其中冷暖，可他却有些耐人寻味。许是他们从初遇的第一眼看得太悠长，于是，他入了她的眼，她碰了他的心。

推杯换盏间，有人提议让初来的李叔同作诗一首。他没有推托，细微思量下，提笔便作了一首七绝：

沧海狂澜聒地流，新声怕听四弦秋。
如何十里章台路，只有花枝不解愁。

佳人款款品读，嘴角牵起一抹意味深长。风月场里，却作了一首忧国情调，莫不是故意来摆弄文采的？

李叔同已然兴起，又接连作下两首：

其一

最高楼上月初斜，惨绿愁红掩映遮。
我欲当筵拼一哭，那堪重听《后庭花》？

其二

残山剩水说南朝，黄浦东风夜卷潮。
《河满》一声惊掩面，可怜肠断玉人箫。

皆是一样的忧愁情调。李苹香淡淡谢过，尽管这诗与她并无关系，也非她喜爱的风格，但她到底对此人生出不一样的情愫。她如水一般的气韵也深深触动了李叔同心底尘封已久的那个叫作情爱的东西。

她和他撇开众人，在一处幽静地继续对酌清谈。李苹香是位高傲的姑娘，尽管沦落风尘，却依然清高孤傲。可遇到他后，她第一次动了恻隐之心，世间百态从她口中说出，显得轻飘飘的。她说人生如梦，花开花谢太寻常，又何苦自寻烦恼。李叔同惊讶，她究竟是一位怎样睿智的姑娘，有些见解，便是连他也不曾深思的。

风传来百花酿的香，他们已然从天涯说到彼岸，两颗沉寂太久的心，在这个夜里有了千丝万缕的联系。月隐云深，她还不知该怎么称呼他，于是直言相问。李叔同对上她那双明亮如皎月的眸子，淡笑道：“惜霜仙使。”李苹香不觉得惊讶，也未失落，反觉得心安。在这样的地方，每天都在上演肝肠寸断的故事，与其痴缠太深太远，不如聚散随缘。

临别时，李苹香题七绝赠予他：

春归花落渺难寻，万树阴浓对月吟。
堪叹浮生如一梦，典衣沽酒卧深林。

娟秀小字，清雅细腻，温婉且潇洒。一面之缘，他已然对她痴迷。似乎很久不曾这样畅快、纵意。他如同在黑暗中抓到一束光，至少目前他只想牢牢抓住她。于是，他们交往越来越频繁，白日里吟诗作赋，夜里醉酒缠绵。

那时，世家子弟可以随意将心爱的女子带回家中，纳为姬妾。李叔同与李苹香朝风雨露伴着彼此，却心照不宣，谁也未捅破那层窗户纸。他知她要的是离开，是寻一世安稳，有个良人共白头。她知他喜爱纵意花间，爱自在不受束缚。他是那样令她着迷，但他给不了她想要的安稳生活，他这一生应该还有很多未知的变数，所以，她亦不曾要他的许诺。至少现在，故事里只有他俩花前月下，彼此深情，直到她与别的男子月下赏花，他身边有了另外一位添香红颜。两个人不曾说相守，也未说别离，就那样淡淡地，淡出了彼此的世界。

她说烟花易冷，不想永远飘荡。她只是单纯地想找个好归宿，找个安稳的人，平平淡淡过一生。既然李叔同不是，她便没有长留的意义。别说风月女子太薄情，年华易老，谁不想找个稳妥的肩膀？

渐渐地，李叔同留下了一段又一段风雅。他不需要特意为谁停留，不需要格外眷恋，他只是风月里一只肆意惯了的船，遇到佳人，填几阙词，作几行诗。那段岁月，他完完整整地将自己抛进花红柳绿中，不知日月，不晓前尘。唯一不同的是，他的心不再为谁轻易开合。所有繁华，不过境中水月，真真假假，无人说得清，谁又能真的把谁当了真！

外人看他，是那般恣意，身边红颜不断，笔下诗词成辑。只有他自己知道，每当沉默之时，这世界便只是空荡荡的。他对风月并没有外人道的那般留念。诗酒美人是欢愉的，夜过三更后，仍需要他一个人独自挨到天明。所有看似绚丽的，不过刹那，唯有孤寂永恒存在。

考入南洋公学，师从蔡元培

红尘中，他是李叔同，善诗词，赋长亭古道，秋红云落，诉说离别伤愁，岁月枯荣。他喜画作，翰墨山水，笔走游龙，他的画含着洒脱，不羁风尘，沉静肃穆。他亦爱篆刻，手技娴熟，刀落间，细若涓水，洒意之至。他生来便与红尘有着难以解说的离散，就像有些路，必然要他走上一遭；有些事，必然要亲历一番；有些过场，只是为他人生再添置些色彩。

放纵闲逸的生活，在新思潮越发涌动的这个秋天悄悄告别。自《马关条约》签订，宣告甲午战争中国被打败后，国内仁人志士、爱国青年乃至平民百姓无不愤慨。腐旧落后必然挨打，唯有教育改良，革新思想，才是壮大稳固国家之根本。随后，一些书院、学校增设新学，将西方文化和学识纳入教学范畴。直至1901年，清政府决意推动科举改革，开设新式教育已是大势所趋。

上海是风气开化之地。成立于光绪二十二年（1896）的上海南洋公学便是新思潮推动下建立的最重要的新学教育院校之一。它与李叔同有着一段似深匪浅的渊源。

1901年夏，李叔同去了一所名叫广方言馆的学堂，参加入学考试。也许上天自有安排，他并未被录取。但他并没有落选后的失意落寞，反而孕化出世人难及的人间清醒。

晚风黄，道是秋渐凉。恣意的季节，适合收获暖意。南洋公学要增设特科，为经济特科备选人才。这所学校在上海非常有名气，主要培养洋务人才，以西学为主，开设政治、理财、地志、化学、英语等一系列与西方教育接轨的课程，教学思想非常新潮。李叔同为了接触更多新学，便报名参考，并以第12名的成绩被录取，他也随之改名李广平。

九月，特科班正式开课，由刚接受学校委托的蔡元培担任特科班总教习。那年，蔡元培三十多岁，与学生们的年龄相差无多，可他推崇新学的决然态度及深厚的学识造诣，深深折服了所有人。除去原来开设的学科，蔡元培又增添了法律、外交、教育、文学、哲学、科学等十几种科目。学生可自愿选择一到两门。李叔同选择了外交，不难看出他对西方社会的兴趣，对西方的人文社会，颇有探究的兴趣。

置身新学如同鱼脱离洼池越入汪洋，新奇、畅快、自由。李叔同生出从未有过的兴奋和期待。他如同初入战场的青涩小兵，好奇、陌生，又充满力量。他一直都清楚，风雨飘摇的年代，国将不国，城池残破；虽然山河依旧，却已满目苍凉，草深林莽。在家国危亡之际每个人都是有责任的，于是他告诫自己，唯奋进不可懈怠。

不破不立的时代，是动荡的、不安的。但凡有一丝血性的男儿，也不会眼睁睁看着自己的国家受尽欺辱，在前方浴血奋战的战士如是，在身后努力学习新知的莘莘学子亦如是。

按蔡元培之规，学生们每月都要完成一篇命题作文。年末之际，先生想考一考学生，便以庚子事变、《辛丑条约》为引，要求学生写文论证。同学们的论点各有不同，但皆表达了对国家眼下时局的忧虑。其中，李叔同写下《论强国对弱国不守公法之关系》：“断无弱小之国，可以赖公法以图存者。即有之，虽图存于一时，而终不能自立。其不为强有力之侵灭者，未之有也。故世界有公法，惟强有力者，得享其权利。于是强国对弱国，往往有不守公法之事出焉。”

公法于强国而言不过一张废纸，为利益，可轻易撕破。弱国也只有自强，保持头脑清醒，强大自己，才有与强国谈判的资格。他就是这样，把这个问题剖析得干干净净，直戳关键。先生做出评语：前半极透彻。

花前月下，他是煮酒不问天涯事、香炉幽舍话诗茶的翩翩公子。乱世硝烟中，他是放下纵意不过巷柳间、落笔逐势忧国民的热血青年。他从未随波逐流，他有他的万般思量，想做的事情，义无反顾到极致。他的诗情画意也好，刚萌生出的抱负也好，所有既已选择的，与生命同等。

李叔同的同学黄炎培曾回忆：“同学时他刚二十一二岁，书、画、篆刻、诗歌、音乐都有过人的天资和素养。南洋公学特班宿舍有一人一室的，有二人一室的。他独居一室，四壁都是书画，同学们很乐意和他亲近。特班同学很多不能说普通话，大家喜爱叔同，因为他生长在北方，成立小组请他教普通话，我是其中的一人。他的风度一贯地很温和，很静穆。”

李叔同的旷达、慷慨是糅进骨子里的情怀，他的艺术造诣是天赋使然，亦来自经年累月的修行。

蔡元培一直很欣赏李叔同，尽管很多年后，他们在某些观念上有所不同，但先生一直以他为荣。那时他教过的学生中，若论资历最深，艺术造诣最高，培养人才最多的，非李叔同不作二选。校园里，他们亦师亦友。于年少盛才李叔同，能得遇教育大家蔡元培教导，是幸事，亦为荣耀。

那时，日本因倡导西学，国力大增。蔡元培慧眼如炬，便引导学生们学习日语。李叔同自幼才学就高人一等，经过一段时间勤奋苦练，不仅可以用日语顺畅交流，还能翻译日文书籍。先生鼓励李叔同作大胆突破，且引导他完整翻译玉川次致的《法学门径书》和太田政弘的《国际私法》。此两本译作成为国内最早介绍国际公法和国际私法的书籍，可想其珍贵程度与实用价值。《国际私法》更是被列入当时影响很大的《译书汇编》杂志出版的《政法丛书》第六篇。“李广平”的名字也因此被更多人熟知。

一条路上总会生出许多细枝末节，有些不知向何方，有些意难平，李叔同想着再试一次科考，毕竟考取功名是母亲难以释怀的心病。于是1902年秋，他参加了浙江省乡试。令人愤慨的是，清政府依然奉行旧制，以八股文为文体，不得掺入新学思想，不得自由发挥，否则便以违规取消考试资格。他自是无法苟同这“歧视”般的迂腐陈条，未考完，便拂袖而去，回南洋公学继续读书。

总体来说，在南洋公学的时光，李叔同是欢愉的。一年多的时间里，他在中西参半的论题答辩中屡获名次。新识旧知早已融会贯通，观念达到了同辈青年学生难以企及的水准。如果不是因为一件愤然不公的事情，李叔同与南洋公学应还有很长一段故事要讲，他的人生也许会步入另一条轨道。但世事无常，他注定要与一些必经的人和事擦肩，注定要与尘世作一场浓重的道别。

“墨水瓶事件”后，放弃学业

你我皆习惯了寻常，以为顺着世事爬坡，在收获很多风景的同时，会让自己的人生更顺畅些。但环境是多元素的，春风细雨，是情，也可能是伤痛。你看见的，或看不见的，它就停在那里，不疾不徐，却积蓄着一场隐秘的风暴。

“假如”是一种卑微的奢想，有太多人因为与他在文字里来了一场邂逅，就无法克制地想为他编排另一种人生。于是，假如李叔同顺利完成三年学业，他或许会成为谈判桌上意气风发的洋务官僚；假如他从未涉足南洋公学，晓风明月石案前必然还有他的绵绵诗意。假如那个空墨水瓶只是一场梦，他与世俗间必然还有很长一段尘缘。

世间因果，又岂会因为一些假如而颠倒轮回！动荡年代的变故，事态的延续，皆是有迹可循的，只奈何时不我待。国家不作为，人命如草芥，爱国无自由。一切的一切，被历史的洪流裹挟，留下了无数悲歌。

南洋公学诞生之初，如一座阴阳塔，一半呐喊自由，一半固守传统，新学与旧规如同困在一起的水与火，常有对峙摩擦。虽然新学取得了一些成绩，但根深蒂固的封建传统教育依然难以根除，且时有矛盾激化。终于，封建与新学这两个积蓄已久的箭羽，在1902年的冬天，呼啸离弦。

南洋公学中学部一位叫郭镇瀛的文科教习，常对学生迸发的一些新思想多有不解，更反感那些打着自由旗号就可以不顾形象和礼教的行为。故而他不允许自己的学生有违纲常，倡导什么言论自由，也常禁止学生阅读《民报》等思想开化的书刊。

那日，五班，不知是谁将一个洗净的空墨水瓶放在教习座位上，偏偏赶上是郭镇瀛的课。他看到后，勃然大怒，认为这是有人在暗讽他胸无点墨，无真才实学。

愤怒之下，他让肇事者主动承认，班里却静默一片。见此，他更是怒不可遏，于是恐吓坐于前排的学生检举放瓶子的人，依然无果。于是，郭镇瀛联合校方，给这几位学生记大过处分。后来不知他从哪里听说是学生伍正钧所为，不由分说就将其开除。学生们自然不服，于是去找总办汪凤藻申辩，期望校方能公允处事。谁知总办将学生们拒之门外，且把整个五班一并开除，态度强硬，不允许任何人求情。这种愚不可及、不分青红皂白的专横做法，引起全校学生不满，学生愤然决定集体退学，以示抗议。

见事态发展到了不可控的地步，校方觉出不妥，便请出备受学生爱戴的蔡元培从中调节。蔡元培对校方最初的做法多有不满，但校方既然有态度，便有回旋余地。他说服学生们先勿轻举妄动，剩下的事情，他会出面与校方沟通。然而，蔡元培在和校方高层交涉的过程中屡次碰壁。校方顽固不化的思想也彻底敲醒了蔡元培，他联合有道德良知的教员，将学生们集结于操场上，神情庄严地说："汪总办不让我们完成学业，我们应该自动地组织起来，扩大容量，添招有志求学的青年学生来校进修，你们能胜任哪门功课就当哪门功课的教师。如果愿意回乡办教育，也是有前途的。"语罢，蔡元培当先步足，众学子昂首阔步，高喊"祖国万岁"，井然有序地随先生走出了南洋公学的大门。

这场在中国教育史上知名的退学潮，是对封建专制、迂腐保守教育的打击，也因而改变了很多人的命运。

走出校门的那一刻，李叔同不后悔，但落寞之色却难以掩饰。一场清风拂煦的邂逅，承载了他所有的期许与热血，如今羽翼未丰却先折，难免惆怅。然而置身其中的他，依稀看到了希望。他们站起来，然后挺直脊梁，团结，反抗。新思想终究会取代封建思想，这是一场胜利的铺垫，他有幸身在其中。

面对不如意，李叔同善于用酒解脱惆怅，却不喜欢纠缠不清。他将所有情愫寄于诗文中，选一个美丽的清晨，以最好的状态苏醒。他依然是他，捧着初心，不需要与谁商讨，继续寻找新的方向。他就这样放弃了学业。

有这样一个传闻，在踏出校园的那个秋天，李叔同去河南参加乡试，结果未中。次年他又赶往杭州乡试，依然未中。十年寒窗、怀才不遇的文人书生多如砂砾，因不得志，含恨埋骨他乡者有之，古稀之年应试者有之，耗尽家财者有之，妻离子散者亦有之。功名利禄，似一把无主的剑，极少数人握得住，大多数人握不住。不管传闻真假，依着他清贵孤傲的性子，绝不会为了一把残腐殆尽的剑而徒耗芳华。

退学潮后，南洋公学在瑟瑟凉风中暂时坠入萧寂。之后，李叔同在蔡元培筹款开办的爱国学社继续学习西方文化。只是聚散无常，此次与先生辞别后，原以为终有见面时，这一别竟是二十年，再通消息，却是一场思想上的博弈。

时光零零散散，他以过客的身份在上海飘泊。很快，他有了新的落脚点——上海圣约翰大学。新的身份是国文老师。他很清楚，这只是暂时的选择，他不会一直沉寂。闲余之时，李叔同多次参加由英国人在《申报》专栏发布的课题征答，大多数策论与中国时政有关。这一年共发布十二次征答，李叔同八次获奖，还拔了一次头彩。他竟是那样不喜随遇而安，偏要与风云变幻的世事角逐。那些一生沉浸在孤独里自艾自怜的人，那些爱极了虚荣繁华，不惜拔掉身上所有刺的人，可曾注意到有这么一个人——他因害怕停留，而拼命向前。

这一年他25岁，眼中没有了最初的青涩，隐隐浮现少许尘世间的沧桑。终究，他不再是那个动不动就站在风月里的少年郎。

是年，李叔同加入沪学会，并邀请南洋公学的音乐教师沈心工开设音乐课，教大家西方乐理。在沈心工眼里，李叔同聪颖、勤奋，他对西方的乐理和作曲法有极大兴趣，一学就会，一点就通，天赋极高。

李叔同喜爱音乐，脑海里的回旋，悠绵时是恋人的爱抚，狂躁时如将士们的悲歌，婴儿伏在襁褓里暖睡，山河在呼啸里重拾旧色。他应是和声乐在前世就定下了约定，今生不早不晚要在这乱世相逢，为爱恨情仇镀上一层余晖。

每一次来过，他不会白白当个过客，遂谱下一曲《祖国歌》："上下数千年，一脉延，文明莫与肩。纵横数万里，膏腴地，独享天然利。国是世界最古国，民是亚洲大国民。呜呼，大国民！呜呼，唯我大国民！幸生珍世界，琳琅十倍增声价。我将骑狮越昆仑，驾鹤飞渡太平洋。谁与我仗剑挥刀？呜呼，大国民！谁与我鼓吹庆升平？"

万般豪情抒不尽，高歌撼卧雪昆仑。这首歌如暮鼓晨钟，隆隆中呼啸远方，穿过山林江河，传遍祖国大地。仅凭这支歌，李叔同便声名远播，成为闻名全国的音乐家。

在一个并不遥远的地方，有个正在读书的少年，朗朗唱着先生的歌。他不晓得的是，少年与先生会在某日某一片人潮中相遇，他羞涩地告诉先生，他叫丰子恺，儿时就想拜他为师。

惊世骇俗的葬礼

如果非要与这尘世签订一纸契约，不求永恒不灭，只求彼此在乎的人可以在迟暮之年，仍能相聚花前月下，对酒当歌。可偏生岁月是一支不守时的箭，随时可以毫无怜惜地夺走我们所珍视的一切。因此，总有人问，这世间是否真有轮回?

旁人以为，他爱得太痴狂，太短暂，所以入了魔。可他依然坚信，于是尽可能让自己去荒芜，来换取下一世能与心上人重逢的筹码。

雨淅沥沥从清晨下到黄昏时分。有人来回奔波，有人安静坐着，每个人面色都很凝重。随着嘤嘤哭泣传出来，宋贞去了。许幻园紧紧握着亡妻的手，他是怨的，是恨的，可无论怎么挣扎，她都无法再回到枕边与他耳鬓厮磨。

昔日风雅繁盛的城南草堂，随着女主人离世，男主人的沉沦，日渐萧条。当“天涯五友”再聚，杯中已然空无酒，风凉吹落枯头枝。许多往事，许多情怀，终究未经受住岁月打磨，在那日沉默后，各自散去，从此天涯安好。

悠悠岁月里，突然少了一位能与之对谈的知己，李叔同颇感黯然。他的母亲也因好友故去，精神越来越差，身体每况愈下。

少时，王凤玲也是一位能识文断字、略通诗文的姑娘，只是深宅闺阁将她熬成了沉默寡言的妇人。于是，她与许夫人宋贞的相识，就像一场刻意的安排。二人一见如故，交谈投契，常常一起品诗论画。久而久之，就如一对忘年的姐妹。在许夫人的陪伴下，王凤玲郁郁寡欢的心境被阳光填满。可如今，与她花间谈笑，与她茶余饭后散步的人，只剩一副冷骨埋于黄土，走得那般匆忙，那般不顾，也带走了她仅有的精神支撑。

一旦陷入孤独，时间就成了熬人的汤，慢慢融化筋骨，让你失去反抗的力量。母亲的精神越来越差，李叔同早已记不得有多少个无眠夜是听着母亲的呻吟声度过的。

冬雪为凄凉的大地覆上一层华美星河。一声啼哭嘹亮星月，李叔同的第二个儿子李端出生了。原本以为儿子出生，能给王凤玲带来一些生气，然而她勉强欢笑后，仍是不停地咳嗽。

见母亲日日夜夜被病痛折磨，李叔同生出太多悔恨。他这半生从未满足过母亲的期望，未考取功名，未光耀门楣，还时常留恋风月之地。明知母亲不喜他放荡不羁，可他还是整日纵意醉饮。皆是因他，母亲才一直郁郁寡欢，积郁成疾。对母亲，李叔同满心愧疚。他从此不在外留宿，每日早出早归，和一直伺候母亲的王妈一起照顾母亲，事事亲力亲为。

恍恍然，已是第二年春。城南草堂依然是初识模样，楼前小溪涓涓，草木青翠盎然。只是这里再无红楼梦境，只剩萧瑟野堂。

昏黄灯光下，李叔同坐在床前看着已经瘦脱相的母亲。房间里有些冷有些闷，母亲的呻吟声若隐若现。忽然，母亲面色竟如许夫人离去时一般，李叔同有些着急了，他呼喊着王妈，让她把老夫人的胭脂拿来。王妈眼里噙着泪水，嘱咐李叔同先准备寿材。

弥留之际，母亲从干枯的嘴里挤出一句话，她想回家。他知这是母亲最后的心愿，但作为儿子，他只想给母亲最后的体面。可现在，他无法接受，他不能没有母亲。他要去找医生，他疯了似的往外跑去，一路冷雨残花，春泥飞溅。可最终，母亲未等他回来就停止了呼吸。他静静看着俞氏和王妈为母亲擦拭，整理仪容。他想做些什么，如果做错了，母亲应该会数落他一顿，或者干脆将他赶出去都是好的。可是，他能做些什么呢？好像又插不上手……

他从未这样肝肠寸断，哀痛成了白日里的麻木。这期间，他把上海的事情也料理完全，然后便扶灵偕同妻儿家眷返回天津。在那个缺乏人情味的大院里，母亲有太多委屈，承受了太多言语，也把最好的风华葬在了那里，她这一生太多苦楚。所以，他要母亲风风光光地回去，风风光光地进入李家祖坟。

四年光阴虽短犹长，足够天津恢复些往日盛况。李叔同与妻儿扶灵回乡，一路引来无数人侧目，也意料中地受到李家阻挠。根据那时那地的旧俗，外丧进不得家门。李叔同悲愤大笑，此时的他如一头盛怒的狮子，无所畏惧地与李家长辈理论起来。直到他们妥协，允许他将母亲灵柩入院举丧。

母亲这一生太过凄苦，也是千百年来无数女性凄苦婚姻命运的写照。他不想母亲死后还要被那些虚情假意的哀号所惊扰，不想她最后还要忍受旧俗的捆绑。

没有唢呐哀乐，没有哭天喊地，没有白麻裹身。在一片静穆中，李叔同与妻子俞氏鞠躬答谢前来吊唁的人。原本想看笑话或是作浪的人，那一刻只能安静地立在一旁。多么庄严神圣的灵堂，所有人一身黑衣，神情肃穆，表露着对死者最大的敬畏。

礼堂上，李叔同不顾旁人惊讶，弹琴对母亲吟唱他的哀思：

哀游子茕茕其无依兮，在天之涯。

惟长夜漫漫而独寐兮，时恍惚以魂驰。

梦偃卧摇篮以啼笑兮，似婴儿时。

母食我甘酪予粉饵兮，父衣我以彩衣。

月落乌啼，梦影依稀，往事知不知？
汩半生哀乐之长逝兮，感亲之恩其永垂。
哀游子怆怆而自怜兮，吊形影悲。
惟长夜漫漫而独寐兮，时恍惚以魂驰。
梦挥泪出门辞父母兮，叹生别离。
父语我眠食宜珍重兮，母语我以早归。
月落乌啼，梦影依稀，往事知不知？
汩半生哀乐之长逝兮，感亲之恩其永垂。

不知是曲太过忧伤，还是唱曲的人太过悲凉，入了心的绵绵伤感，湿了所有人的眼眶。前来吊唁的宾客有四百多人，其中不乏名流志士、达官显贵，还有外国人。他敢冒天下之大不韪，由着自己的性子，破除旧俗，举办新式葬礼追悼亡母的事迹，很快传遍天津城。有人说，果然是“桐达李家”的三少爷，从不按常理出牌；也有人说，这事办得轰轰烈烈，办得漂亮。当时，《大公报》连续追踪报道了此事，刊登了他的哀歌，尊称他为“新世界之杰士”。

津门的夜应是染上了他的哀伤，一连数日不见星月。他如断了线的风筝，魂不知所归，到处游荡。可举目四望，家国仍在飘摇中，他没有资格再沉沦风月，也没有时间再深陷悲痛。

依然是个不眠夜，只是这一夜，他因心中有了崭新的方向而无法入眠。那个叫日本的国家，一个近代以来崇尚新识的地方，他应该去那里，然后做一个全新的自己。

东临樱花雨无期，翁家清酒茶诗棋。仙君莫忘来日早，陌上粉黛妆相宜。

第三章

留学日本

为了寻找人生新的旅程，李叔同东渡日本留学。他考入东京美术学校，因为绘画结识了红尘中最后的爱。才华横溢的李叔同，在日本创办了中国第一份音乐杂志——《音乐小杂志》，创办了中国第一个话剧团体“春柳社”，并男扮女装登台演出《茶花女》。之后，他和日本女子成婚，一起回国。知足不易，知止也难。

初入东京，忙碌的一年

风雨落在惆怅时，花草做了折心枝，于是片片哀伤说不尽，便想着与前尘往事来场了断。有些离开，是没必要再留下；有些离开，是为了更好地归来。人生路漫漫，从来不是一条大道通南北。沉静的心，一旦萌生漂泊的念想，或早或晚总会踏上新的征程。

他决计要走了，盛着悲愤与哀痛离开，远赴海外那个叫东京的城。没有人劝他，没有人拦他，他一直是自由惯了的人。母亲去世后，了断他心中最后一根羁绊的弦。没有精神束缚，没有灵魂牵扯，他听到的只剩家国破碎发出的悲鸣，看到的只是余烬深处焦土喷出的赤焰。夜深人静时，他孤哀，文人意气太苍白，如何度河山？看苍凉大地，却喟叹焉，谁能挽回？在怅然离别前，李叔同作下这首《金缕曲》。

披发佯狂走。莽中原、暮鸦啼彻，几株衰柳。破碎河山谁收拾，零落西风依旧。便惹得、离人消瘦。行矣临流重太息，说相思、刻骨双红豆。愁黯黯，浓于酒。

漾情不断淞波溜。恨年来、絮飘萍泊，遮难回首。二十文章惊海内，毕竟空谈何有。听匣底、苍龙狂吼。长夜凄风眠不得，度群生、那惜心肝剖。是祖国，忍孤负？

天涯路远，不知何时为归期。故此，去东京前，李叔同一一告别诸友，且安顿好俞氏母子。像是在交代一场无关紧要的暂别，或许愧疚，他没看她的眼睛。俞氏抱着尚幼的李端，只是如常静静听着。

母亲坟前冒出些许嫩芽，风萧萧瑟瑟。李叔同笔挺地站在那里，直到黄昏，夕阳成火，他才肯离去。没有话别，他把所有情绪诉给捎信的风，诉给老树盘根的石，让母亲今后不至于太孤独。

最终，他登上了去往日本的渡轮。沉闷的轮笛声呜呜响彻天地，祖国慢慢淡化在烟云中。海浪翻滚，鸥燕啼鸣，他化名李哀，一边哀思母亲，一边戏叹往昔烟云里的沉沉浮浮。东渡日本的1905年，他正当阳光盛年，眸子里却早已浸满风霜。从此，他是他乡寻路、斟满哀愁的异乡客。他走，不曾犹豫；他来，术满方归。

踱下轮船已是九月天。咸涩寒凉的海风渗着鱼腥，三五渔民围着桶子说笑，额上刀锋褶子堆得极深。李叔同脚步有些快，他似是敛起所有情怀，抛却过去的习得，要把自己放逐给异乡和时间。

临时居所定在留学生会馆。推开窗，月光皎洁，它是诗人嘴里的风月，游人眼中的乡思，恋人深情下的爱慕，都是极温柔的颜色。李叔同满怀心事和盘算，他此行本就带着目的，即便诗意千丝万缕缠绕在灵魂深处，也不得不暂时收起。

太认真的人，喜爱追求完美到极致。李叔同虽有日语基础，但他清高孤傲的性子不允许自己显露出一丝胆怯或尴尬。故而，他到日本后的第一件事情就是疯狂地补习日语。时光匆匆，他像春时的耕夫，秋时的果农，“忙”成了那一年他唯一常态。补习日语，练习钢琴，进修美术，时间在他手里成了稻草，每一根都尤其重要。偶尔，他会咬牙挤出空闲去当地有名的音乐家那里学习音乐。

习惯忙碌的人，最怕突然而至的安静。白日里的风风火火，无法燃至深夜。有时李叔同会刻意在疲惫中入睡，有时又不得不直面夜间独有的深沉。思绪如泉涌，许多旧人旧事随一幅幅画卷铺展开。曾经他作流水，落满花意，载满红尘。如今，除了母亲那一卷绘满音容，其余皆染了时间的烟尘，越发模糊。他不会刻意去思念谁，或者说不敢太浓重地思念。他喜欢沉浸在岁月中或忧愁或欢喜的氛围，却不大追忆细节。往事如烟，聚散是缘，不刻意惋惜，不过于执着。一路上日月随行，风雨同寝，他的成长总在不知不觉间契合某种隐匿的深悟。

大多数东渡日本的中国留学生会选择当时国内最急缺的政法、教育等科目，李叔同没有丝毫犹豫地选择艺术专业来深造。他的想法总与常人不同，但目的皆是为了挽救凋敝的国家。不同时代的年轻人有不同的热血。留日学生里有个叫高天梅的有志青年，他为了促进时局的变化，创办《醒狮》期刊，李叔同受邀为期刊设计狮吼图封面，并兼职期刊撰稿人。

12月，他以“惜霜”署名发表了几篇论述图画的文章，颇多真知卓见。如《图画修得法》，他简明扼要地讲述了图画起源及其重要性。艺术是鲜活的，只需用心刻其骨肉，充其血脉，它就可以把缔造者想传达的情绪表露出来。如同他在文中写道：“吾人一见画，必生一种特别之感情。若者严肃，若者滑稽；若者激烈，若者和蔼；若者高尚，若者潇洒；若者活泼，若者沉着。凡吾人感情所由发，即画之精神所由在。”便是将这原话放到现今艺考生面前，也仍是大师级别的注解。广泛且深厚的文化底蕴，加上极高的悟性，不过几个月的时间，李叔同就把西洋美术吃透三分。

远处的荒凉，近处的惆怅，他早习以为常。他如同逆江而上的鱼，争分夺秒，拼尽全力。只是世事无常，总有些无可奈何，来得猝不及防。李叔同原本想创刊《美术杂志》，但日本政府对留日中国学生提出行动限制，结果引发一场抗争，大批留日学生不得不提前归国。他同样面临着随时被遣返回国的窘境。于是，筹备中的《美术杂志》不得不就此作罢。

李叔同不甘心，也从不相信什么绝路。慢夜独行，他思量着，忽然一片星光水韵映入眼帘，如一篇华美乐章沁骨入心。命运呀，果然总在尽头处忽然来一个转弯，继而开启另一场美丽的邂逅。

曾经，他一首《祖国歌》燃起亿万少年热血，鼓舞国人士气大涨。音乐又何尝不是救国救民的势！他就要借这势。他独自绘图、撰文、排版，创办了中国近代第一份音乐专刊《音乐小杂志》。隔海遥望，滔滔海浪洗不净沉郁千年的王朝遗事，可那是他的国。他相信，终有一天她能重拾东方巨龙的威严，扶摇直上，沧海沉浮。

“二十世纪谁称雄，请看赫赫神明种。我的国，我的国，我的国万岁，万岁万万岁。”这首刊发在《音乐小杂志》中的《我的国》，见他的豪迈，也见他的激愤。《音乐小杂志》在东京三光堂印刷出版后，他便迫不及待地寄回上海发行。如他所愿，他的情怀化作激昂的五线谱，在国内掀起千层浪，万千士子将国恨家仇化作拳拳斗志，越发奋进。

最后，李叔同序之：“瞑想前尘，辄为怅惘。旅楼一角，长夜如年。援笔未终，灯昏欲泣。”本该盛放的年纪，却装满忧愁，沉郁清寂，堆满飘摇。有人说，是乱世辜负了他满身的才华和一世盛情，他本该出生在太平盛世，阳光晴暖，世事温良，才配得上公子的风流情谊。诚然，他生逢动荡，又偏巧不甘做个凡人。天意究竟作何，非常人能洞悉，或许偏是那个年代需要他用半生流离凝成的灵魂来化育时代的转折。

他来此一遭，从未停歇，也不想停歇。街上总有熟悉的身影一掠而过，那是他急着参加森槐南、大久保湘南等东京文人创办的随鸥吟社。直到第二年夏季，李叔同在《随鸥集》已发表诸多诗赋。在异国他乡的诗文气韵中，他如一颗坠入星河的翠绿，虽然那般异常，却折射出古老国度独有的华彩。

考入东京美术学校

他来东京时是秋，花期早已付水流，只剩苍骨和海风。来年三月，他泱泱然步入花雨纷飞的赏樱季。抬头，粉白的天空，氤氲着柔情。脚下，十里粉尘如墨染，如画也如烟。远方一抹素影捡起掉落的花枝别在髻间，叉腰浅笑，惹得一旁少年心神荡漾。

风稍一动，花瓣簌簌飘落。李叔同看着落在掌心的几片粉质，又想起了母亲。枝头的花娇艳、热烈，但母亲的花期太短，她的一生如同被风无情撩拨而落的花瓣，一时惊艳，半世却在凋零。或许岁月仁慈，提前让她落叶归了根，不再周旋于世间。他想，倘若母亲看到这场樱花季的雨，多半是要感伤的。

风挽粉珠帘，忧喜各参半。喜的是李叔同收到了东京上野美术学校的录取通知书。忧的是，他的《音乐小杂志》只做完第一期，未等筹办第二期，就因经费和人手不足，不得已停办。他觉得可惜，却不曾难过。世事无常，经历得多，也就成了容易接受的事情。梦圆了一场便可，飞鸟掠过蓝天，他的心也将随之飞向更远更辽阔的地方。

脱掉长衫马褂，换一身笔挺西装。剪掉长辫，梳成那时最流行的三七分，再蹬上油光锃亮的尖头皮鞋。蓦然回首，原来画里的文儒古雅的秀气书生，还可以做英俊潇洒的新时代先生。他就是这样，既然注定要与过往说一声再见，就需要彻底改头换面。放纵起来，他可以充耳不闻天下事，一朝酒醉到日中；认真起来，他可拿孤独泡酒，寂寞当歌。在他面前，人生快意恩仇，像一场道阻且长、行则将至的旅途。

总而言之，他早已不再是那个放浪形骸的二世祖，但他的人生总在看似穷途时，迷雾尽散，柳暗花明。一封来自东京美术学校油画科的录取通知书为他指明了新方向。1905年9月，是他爱慕的萧瑟之秋，他更名李岸，带着少许行囊，准时去学校报到。几年里，前后不过十位中国留学生曾在东京美术学校学习油画，其中就有李叔同。他是成绩最为突出的那一个。

入学后不久，他选择将居所定在上野不忍池。那里一片陌生，一片静穆。他可以安静独处，不受外人叨扰。褪去才华横溢的包袱，他只是一个普通的中国留学生。他大胆、谦逊、低调，因为没有人认识，他的生活静谧又多姿多彩。

或许他身上自带一种“不起风浪不殊同”的特质。无论世事多么安逸，岁月如何幽寂，他总能引起关注。自他选择专攻油画起，当地媒体就对他产生极大好奇。10月初，李叔同接受《国民新闻》采访。记者有感于那个促狭的房间：“三叠大小的房间，是他的书斋。乐器、书架、椅子、茶几，掩蔽着四周墙壁，看来很是局促。”墙壁贴满名人字画。李叔同发现记者来自槐南诗人新闻社，记者问他可否认识槐南诗人，李叔同说道：“是的，槐南、石埭、鸣鹤、种竹诸诗人，都是我的朋友，我最喜欢诗，一定投稿，请赐批评。”不久，《清国人志于洋画》的刊印文案里这样写道：一位叫李岸（李叔同）的清国人考入美术学校，而且专学洋画。

他喜诗情画意，喜良辰美景，喜一切美丽又多样的情绪。他认为，艺术是最真实的呐喊。他痴迷中国画风里的诗意，也爱西方油画里的自由和浪漫。无论是浓淡相宜的中国画，还是色彩浓重的西方画，都在表现对生命的深思，对灵魂的解读。墨香思故，幻彩储美，两种风格，他神往已久。

但凡艺术，没有他不爱的道理。程淯著作的《丙午日本游记》中记载：“西洋画种之木炭画室，中有吾国学生二人，一名李岸，一名曾延年。所画以人面模型遥列几上，诸生环绕分画其各面。”他就是这样投身绘画，看似繁杂的选择，皆在他的情理之中。尘世纷扰，能装得下他寂寞与孤独的唯有那个叫艺术的世界。他抱着画笔，慢慢入了画布，在繁华之外，寻得一方净土。

余晖向晚，红霞漫山。倦鸟归巢，炊烟袅袅九重天。该是丹青，还是油彩，或者木炭、水彩？这不会让他有烦恼，手里拿到什么就是什么，情致所起，便是一幅丹青。李叔同博采众长，闲暇之余还会学习戏剧和钢琴。他的留学生活有些忙碌，却忙得不亦乐乎。倘若有一日他突然慢了下来，也不用惊讶，一定是被某处不寻常吸引，继而情不自禁地沉沦。

修习美术是一场心灵与孤独的博弈，需要十二分孤独，十二分专注。曾经，他一个人扛着肉体与精神的重负，沿着一条不被理解的路前行，直至往后几十载。若是换了常人，或要被折磨致疯狂。他也曾怅惘，但依然淡淡地置身其中，不谈悲喜，不念前尘。他是那样珍重艺术，不求华丽，不求虚荣，只为了全心底的热忱与责任。

奢侈如金的异国岁月，任何一点辜负都像犯下了罪过。炎炎夏日，他将思绪沉淀在画作中，静心自凉。寒冬凛冽，刺入骨的湿冷揪扯着每一根神经，最冷时牙齿会不由打颤，他只好一边哈气取暖，一边练习运笔。作为老师的黑田清辉，十分欣赏李叔同身上的刻苦韧劲，也十分赞赏他的画作。致力于艺术教育的姜丹书曾这样评价李叔同的作品：“上人于西画，为印象派之作风，近看一塌糊涂，远看栩栩欲活，非有大天才真功力者不能也。”他为自己作的油画《自画像》至今收藏于东京艺术大学美术馆。

春雨夏花，秋霜冬雪，一切皆会习惯。半年时间，李叔同就融入了当地人的生活，睡榻榻米，穿和服，说日语，对来往客人行弯腰礼。他很少与人攀谈，周围邻居只以为他是外乡来的亲戚，竟没人认出他是个中国留学生。

偶尔，夜色会勾起一些过往。在上海，有个叫城南草堂的楼舍，曾有三五好友夜夜把酒言欢，不论人生几愁，不问岁月何忧。许夫人又得了一幅丹青，拿来同母亲一起品评。那时的惬意和烟火，在酒香与诗意中如梦如幻。他们都在，母亲也在，还有他那满肚子的风月。

人生大概就是这样，有起有伏，亦幻亦真。必须历经风雨聚散，才算成长；越成长，越孤独。那一轮明月，他望着它，它却望着整个天下，只好彼此心照不宣，各在各的天涯。又见东方沐白，他抖擞着精神，握住手中的笔，继续伏进异乡的画里。

画里情愿：她入了他的画，他入了她的心

多想做一场醒不来的梦，在梦里乘着风，见想见的人，遇美丽的缘。奈何梦短，于是梦短情深成为一种折磨，做久了，反而不快乐。或许可以试着相信命运，它欠你的，兜兜转转总会归还，也许来得迟，也许在下一世。那些美丽的期盼，纵然百转千回，也是命中注定要相逢的。

李叔同很期盼，也有些发愁。中国画重山水，只需找一方通情的景，便能勾抹世间风情。但西洋油画不同，它侧重人体，想精进，想有好的作品，就必须要有一个鲜活的人体模特。这正是让他无奈的地方。他尝试让房东帮忙找。房东以为他要找艺伎，险些闹出笑话，随后又从乡下找来几位姑娘，却没有一个令人满意。他觉得房东对“健康”和“漂亮”一定有什么误解，若当真以那些姑娘入画，别人怕是要怀疑画中人的性别，或认为他画工堪忧。还是自己四处寻觅吧。

不忍池畔，十里樱花一夜盛放，烟霞随风而驭，宽永寺半隐于雾霭。弦月西垂，东方已然破晓。隐约中，一道身影漫步在不忍池沿岸。步子很慢，繁华绚烂的樱花林像一块幕布，他目光所及是河上的清冷。李叔同一向不爱春的华彩，只喜秋的暮色。凋零、枯萎、寥落、萧索的秋与他的孤寂有些相

得益彰。

需得相信，这世间诸多情缘是早已设定好的。时间、地点、情节，多一秒或者少一秒，都有可能流水东逝、落花西驰，就像她刚好从他窗前经过，他刚好落笔抬眸。她像纯洁的樱花、秋日的晚霞、冬日的白雪，不染人间烟火的山月，悄悄然从他的视线里走过。他来不及犹豫，急匆匆追上前拦住她的去路。姑娘显然被他唐突的举动惊住了，但很快镇定下来，问他何意。李叔同有些局促，也有些紧张，他不知自己的请求是否冒昧，毕竟在那时，人体模特是过于前卫的职业。但他还是问了，透过笨拙又真挚的语气。听清楚他的来意，姑娘脸颊上飞出一片红霞。而她娇羞温雅的模样，纯洁无措的神情，更是笃定了李叔同内心的想法。

姑娘细细打量着面前的男子，他手上还有未干的颜料，身材修长，模样清俊，眼睛里有渴望，有焦急，有欣喜，是那样复杂，又那样勾人心魄。她移开目光，还在犹豫。李叔同说，只要她肯做模特，他愿意支付十元银币作为报酬。姑娘有些吃惊，这远比她父亲生前的工资还要高出很多，但看得出他很认真，与那些花里胡哨的登徒子有着截然不同的气质，更何况她的确需要一份工作来维持自己与母亲的生活。一番思量后，她点头答应了。

透过一些传说或李叔同的传记，推测这位日本姑娘的名字可能是诚子、雪子或叶子，却大多无真凭实据，这里便以“诚子”称呼。

钱锺书先生曾写过这样一句话：“我在人群里冷冷清清，但对喜欢的人，会笑得很甜。比如，在你面前。”李叔同得遇诚子正如是，每逢相见，悦从心起。那时候的他并不清楚，这已是岁月赠予他的最后一段情缘；只是不知，这段始于纯情真挚的缘分，又会以怎样的方式谢幕。

究竟是谁全了谁，总是说不清的。诚然“山有木兮木有枝”，有些事情只是简单的水到渠成而已。就像这一日，诚子穿着初见时的衣衫，来赴几日前的约定。李叔同欣喜，带她走进了他的画室。或许担心诚子羞涩，一时适应不及，那日他只画了她脸部的素描。静静望去，她就像高山上一朵含苞未放的雪莲，初见时的纯洁，再见时的清雅，出水芙蓉的含蓄，他尚未执笔，已是旖旎于画中。

诚子安静地坐着，他落下的每一笔似划戳着她略略收紧的心脏，那双眼睛蕴藏着肃穆以及专业素养，竟是那般好看。李叔同很久未这般畅快过了，面前的姑娘如同相识已久的故人，没有反复揣摩，一幅素描画像已然一气呵成。偶尔，他们会聊些与画无关的话题。无数次眼神碰撞，心灵交汇，隐约中有股力量将他们越拉越近。

又是一日晴暖。李叔同真诚地对诚子说，希望能用她的玉体作画。他是画师，她是模特，从第一次走进他的画里，她就明白，终有一日她要把自己完完全全地定格在他笔下。她是做好了心理准备的，却依然忍不住羞涩，但总要迈出这一步。他是君子，他们之间是圣洁纯粹的。小心翼翼摘下发间的修饰，情丝如瀑垂于颈肩。解开腰带，衣服一层层如花瓣脱落地上。生平第一次在一个男子面前袒露自然之躯，她羞红着脸侧过身去。

他怀着对模特最大的敬意，示意诚子侧坐在半高的床上，左手将头发梳于身后，右手自然垂放，脸稍向后仰，半是回首半是抻。光透过窗子柔软地洒在她的肌肤上，盈盈玉润。她静穆着，他又怎忍辜负，凝神屏气，他开始落笔，不掺一丝杂念。

时光慢慢昏黄，她迎着朝夕变化，柔韵中隐隐折射出光华。李叔同用他的睿智洞悉到了独属于她的美丽。他所能做的，是倾尽心力去描绘，去擒获。日暮擦破地平线，他搁下笔，站在窗前，望着不忍池上橙红的光波。曾经他总觉得那水是清冷的，如今再看，竟有些不一样了。再回头，诚子已然合上衣衫，正静静端详着那幅画。画中的她青涩未果，却又灼灼其华，含苞待放，柔情似水又盛满热火。

默然中，诚子感觉到一股柔和的目光，便自然迎了上去，这是第一次看到他笑，包含谢意和欣赏。她呼出一口气，终于不再紧张，嘴角扬起浅笑。可这暮色下的嫣然一笑，偏偏触动了男子心底那扇封禁许久的门。轰隆隆，像极了百兽齐鸣，左胸的位置怦怦跳个不停。

他曾与许多女子痴缠月下，那时的沉醉、痴迷，却不过一时情起。如今，他看着她，心里荡起涟漪，那是不曾有过的纯粹。她是不一样的，她芳华正好，不染纤尘，且以独特的方式进入他的画卷，在他的心里修篱种菊。

对诚子而言，李叔同才华横溢且多情。他载满了悲伤和忧愁，有说不完的情怀，散不尽的诗意。他像个到处索爱的小孩，又倔强得不需要任何人的同情和怜悯，尘封在自己的世界自度。他来自彼岸，一个她觉得遥远又陌生的古老国度。也许他很快会走，也许再也不会停留，但她仍然义无反顾地动了情，自愿为他倾尽温柔。于是，两颗赤诚的心呢喃在浪漫花季，不忆前尘过往，不谈归期，只是纯粹的彼此相偎相依。

择好日子，李叔同陪诚子去见了她的母亲。28岁的他第一次向一位长辈说着动容的话，从容、真诚地表达自己心底的真实。他愿意做诚子雨天时的伞，下雪时的檐，为她遮风挡雨。那一刻他是极认真的。

从此之后，有佳人相伴，李叔同的生活重新燃起烟火气。窗前小酌，有了温酒之人。外景写生，总有入画的倩影。他依然做着喜欢的事情，却多了一份难以言说的快活和纵意。诚子亦是幸福的，她喜他洒脱不羁的笔墨，听他诉说哀愁下的家国，更乐于做他笔端的色彩。

凤泊鸾飘有所思，出门怅惘欲何之。
晓星三五明到眼，残月一痕纤似眉。
秋草黄枯菡萏国，紫薇红湿水仙祠。
小桥独立了无语，瞥见林梢升曙曦。

流水含情，落花有意，自是一双人人艳羡的神仙眷侣。倘若他选择携如花美眷就此烟火一生，好还是不好呢？这种提问从未间断过，却无人能判定。毕竟，我们无法穿越历史，无法改变既定的命运。他叫李叔同，无论换多少名字，李哀也好，李岸也罢，或是息霜，也终究逃不过“李叔同——弘一法师”该有的历程。

成立春柳社，出演《茶花女》

多少个晨昏日暮，李叔同与诚子携手漫步在不忍池岸，看花开花谢，经风雨停歇。她不懂诗，他愿为她吟风弄月。她不懂画，他也乐得用画笔勾勒她眼中的风景。情之一字，浓稠时，当真会让人倾其所有。

同年，李叔同带着自己的作品参加白马会。那是由他老师黑田清辉成立的油画参展团体，其规格相当高，成员皆是有留法经历的东京美术学校教师，非名家名作不得在会上展览。李叔同能被邀请参展，足见他的绘画艺术水准已经被当时日本画界主流认可。

可无论是他的《朝》，还是他的《昼》，又或者《停琴》《静物》，都未引起太大风潮。《都新报》的一名记者评价说："47号李岸的《朝》，用笔用色都很大胆，原非清国人所擅长的笔法，好像是刚刚学来的。然而作为新时代的一个清国人，如此新奇独特的画法倒是很有意思的。"自有独具慧眼之人对他加以赞赏和肯定。可直到20世纪末，他的画作重现于世，才如平地惊雷，引得业界一片哗然，只是人终于不能再见了。

《朝》中的女子安坐榻上，嘴角微扬，笑意甜美，眉宇淡然，清雅如出水芙蓉，正是他的诚子。初次参与名家画展，虽未引起多大反响，也未见他有丝毫失落，因为这一切都要归功于诚子。若非她来，他还在寂寞旷野里流浪。无数个夜晚，她蜷缩在他怀里如一只受惊的猫儿。他心悦她，此时此刻因为她在，心中就有安逸。

清风不知冬逝，樱花方知春临。西洋戏剧如穿堂风，在东京掀起一股新风尚。李叔同早已对那新兴文化下的产物生出兴趣。他牵着诚子的手穿街过巷，正是要去看莎士比亚笔下的一场悲剧《奥赛罗》。

台下人头攒动，座无虚席，可见西洋戏剧的受欢迎程度。大幕拉开，一个穿着层层叠叠蓬裙的美貌女子，以其夸张的动作和对白与一个老成男子相拥而立。在不算奢华的布景前，威尼斯公国勇将、黑脸的摩尔人奥赛罗，爱上了元老的女儿苔丝狄蒙娜。这两个年龄相差悬殊的恋人在众多反对声中秘密成婚。奥赛罗手下一个看似忠诚却内心奸猾的骑官伊阿古，用尽各种阴险手段想除掉奥赛罗。终于，他拿着伪造好的定情信物，让奥赛罗坚信妻子与副将凯西奥有不正当关系。奥赛罗盛怒之下掐死了苔丝狄蒙娜，可当谎言被揭穿，得知真相的奥赛罗悔恨不已，于是拔剑自刎，倒在了苔丝狄蒙娜身旁。

当戏剧达至高潮，李叔同感觉浑身血液都在倒流。他第一次觉得，原来艺术表达可以如此明晰有境地。幕已落，场已散。侧首看向一旁的诚子，她正擦拭脸上的泪水，可眼泪还是不停地溢出眼眶。这就是悲剧的魅力，直击心灵深处，挖掘人心的共鸣。李叔同拥紧诚子，他不想让她在风清明月的爱情里染上无可奈何的悲伤。他只希望她永远单纯烂漫。

年少时，李叔同不喜平淡，不喜陈规教条下的种种约束。从诗词歌赋到绘画刻章，从中西音乐到中西戏剧，无一不是上心的。他热爱戏剧，只因人生百态，唯有酣畅淋漓地演绎，才能将其精神扩大并真实地传达给世人。

遇见诚子之前，即1906年的冬季，李叔同与几位留日好友，其中包括曾孝谷，组建了一个文艺研究团体，取名“春柳社”，并创办了演艺部。回想国人戏剧千篇一律的低吟浅唱，他们认为，或许是该一改传统戏剧的老路子了。

热血澎湃，说干就干，是那个时代青年的风尚。于是，但凡有时间，春柳社的成员就尽数扎在演艺部，边摸索边排练西洋名剧。为了更好地研究和演绎戏剧，李叔同特地去拜访了老师黑田清辉的朋友、著名的剧作家藤泽浅二郎。藤泽先生是鼓励有艺术天赋的年轻人学习戏剧的，但演绎本身太耗资本，尤其西方剧目内容太丰富，人物设定繁多且饱满，又需在环环相扣中将世间不平与悲喜放大给观众，这并不是一件容易的事情。

李叔同是个坚定的人，他内心辽阔，敢于驰骋在万里山河间。何况人生在世，又有几许容易事，难或易从来不是他会考虑的因素。他只愿随心，这是他的固执，可偏生是这份固执，成就了他一次又一次的斐然。

光绪三十三年（1907），留日学子收到痛彻心扉的消息：国内发生水灾，千万同胞无家可归。于是，李叔同和春柳社众成员商议，在东京举办一场以赈灾募捐为目的的义演，选定的剧目是法国著名小说家小仲马的《茶花女》。

《茶花女》中，女主玛格丽特是身戴茶花的风尘女，男主阿尔芒是爱慕她许久的痴情人。他二人用一束茶花互换心意，从此相爱，隐居乡下。怎奈天意弄人，玛格丽特被阿尔芒的父亲逼着立誓离去。阿尔芒误以为自己被抛弃，由爱生恨，处处与她为难。玛格丽特只能在沉默中煎熬着。直到她躺在一张冰冷的床上，孤独地离开人世。后来，阿尔芒翻看她的日记本，每一页都写着对他的深情。悔恨、悲痛如万箭穿心，或因懊悔，或因赎罪，他为她迁坟，在她墓前摆满白色的茶花。

为了展现玛格丽特的风情万种，李叔同当真豁了出去。饿了数日，终于饿出了颇有风姿的杨柳腰。刮掉胡子，连一点儿胡渣都要拔除干净。他甚至每日细细观察诚子的一言一行，女子的阴柔无骨，眸间的妩媚含情。

正式演出的那一日，台下宾客满满，台上是巴黎郊外的布景。典型的欧式乡村厅堂里，李叔同扮演的玛格丽特慵懒地坐在壁炉前的沙发上，粉红西装，白色拖地长裙，波浪长发下的清秀面容。听见敲门声，慢而轻柔地起身，纤纤杨柳腰，一步一摇尽显娇柔媚姿，看得台下观众不禁惊叹，好一个风姿绰约的俏佳人。门开后，走入房间的是由曾孝谷扮演的阿尔芒的父亲杜瓦。他头上一顶礼帽，身穿西服，颇具法国贵族的气质。悲愤中，请求中，玛格丽特含泪诉说着她与阿尔芒的爱情。台下观众屏息凝神，三分触动，五分同情，二分感同身受。然而这并未感动杜瓦。幕落之时，玛格丽特半仰在沙发上，静静期盼着。终究，她一个人陷入孤寂的黑夜。

台下掌声雷动，人群中的诚子泪目不止。幕后的李叔同沉默着，久久未动。不管从前他如何游戏人间，但之于艺术，他从来不敢懈怠。一场《茶花女》公演，为中国戏剧拉开了新帷幕，由李叔同男扮女装的“茶花女”更是在日本风靡一时。

十年后，戏剧家松居松翁对那场《茶花女》公演依然记忆犹新。据说演出结束时，松居松翁忍不住跑去幕后与李叔同握手。在一本杂志上，他说：李君的优美婉丽，绝非日本的俳优所能比拟。

“最是那一低头的温柔，像一朵水莲花不胜风凉的娇羞。”多么庆幸他与这尘世尚有半场旷久的缘。红尘俗世里，他不屑喧嚣，不堕荒尘，是那般透彻，却在某个漫不经意的时刻，悄悄融入别人的岁月，惊艳他人的时光。

结婚，携妻归国

千娇百媚杨柳姿，一颦一笑楚伶歌。他如秋日颤抖在末梢的黄叶，晚风下是幽幽的凄楚，月过中天时又那般温良。幕起幕落间，他是谁，竟为世人演了这场无处话凄凉的哀伤之剧；时间在沙漏里有了刹那定格，李叔同这次选择把自己交给岁月，狂热地奔走在绘画与戏剧间，如疯魔般用笔封存美好，以窈窕之姿流放身心。

有人快要把他神话了，他确然没有心思，也没有时间顾虑虚名。但总归，他在整个日本文艺界引发了热度。同在日本留学的文艺奇才欧阳予倩，对李叔同仰慕已久，透过曾孝谷，他预约到了与李会面的机会，只因迟来了五分钟就被拒之门外。并非李叔同高傲，亦非有意为难，李叔同是时间观念非常强的人。纵使平日里诚子不小心扰乱了他的计划，他也会生气，只不过对诚子，即使恼怒，亦是温文尔雅的。

李叔同的聪明，那是自儿时便敲定的事实。匆匆繁华的日子里，诚子默不其然成了他的诗，也成了他的师。透过观察诚子日常的一颦一笑，李叔同对女子的神态气韵、情绪渲染、肢体动作等有了更深入的了解。从贵妇到少女，从风尘到凄婉，他模仿得越发出神入化。

春柳社一演成名后，越来越多的人慕名而来，欧阳予倩也随之加入社团。春花秋月总有尽时，似乎只有戏中岁月才能固守永恒。痴迷、上瘾，这些词汇根本无法形容李叔同置身戏里时的那种狂热状态。

后来，李叔同以一身粉色洋装再登舞台，出演由《汤姆叔叔的小屋》改编的话剧《黑奴吁天录》。剧中，他尽情展示因种族不平等而引发的种种悲剧。剧末，他与众人高呼：只要有人的地方，决不允许有一半自由，一半奴役，并存于世界。一声声呐喊是宣泄，是抗议，是一支冲破云霄、跨越山河、飞跃渤海之湾的利剑，以迅敏之速射入上海腹地。接过利剑的诸多爱国志士在这年秋季于上海成立了“春阳社”，也演出了《黑奴吁天录》。更令人无奈的是，清廷驻日使馆觉察《黑奴吁天录》中暗含革命思潮，因此下令所有留日中国学生严禁此类演出，一经发现就取消留日经费。故此，春柳社停止了所有活动，默然隐退。

走下戏台，李叔同有一丝恍惚，但很快又投入到绘画中。他很清楚，璀璨灯火下的高台不该是他的归宿，至多算一场奇幻的旅途。品味过万千沉浮悲喜后，总是要桥归桥、路归路的。

少了戏里戏外的奔波，时光反而显得慢了。他执起笔，将映入眼帘的风景，汇入脑海的幻象，一一描绘。诚子很善解人意，她从不挖掘他的内心，尽管那里孤独、寂寥、悲凉。她只想默默守着，静静爱着，期望着他敞开心扉的那日。得遇如此慧心佳人，李叔同深感幸运。有时，他会想，自己能否给她岁月静好，毕竟，他习惯了飘荡。

窗外孤星散落，诚子已然酣睡。李叔同站在窗前，瞭望黑漆漆的夜，瞭望内心那片波澜的海。人生这场戏，应该无人能唱圆满。

这是第几个春？第五个还是第六个？从前，诚子最喜欢春天，她挽着他的手穿行花海间，恣意地踱着步子，暖阳洒落斑驳，风雨也挂着香甜。可这个春，却有些微寒。李叔同学业期满，很快就会离开，回去彼岸。诚子从未这样忐忑这样乱过。

花期如约而至。李叔同折下开得正艳的一朵，轻柔地插入诚子发间。他还是征求了她的意见，问她是否愿意陪他回国。虽然那片故土已然千疮百孔，他却依然以赤诚之心热爱着她。无论行出千万里，那里永远是他的归处。

她爱上了他的一切，纵然他心里还有一片无法涉足的封地，她依然痴爱到刻骨。他的眼睛、鼻子、清色的面庞、纤瘦的身躯，是午夜三时的炭火，黎明时的红艳，亦是她前生就许下的愿。诚子沉默着，在他开口的那一刻，答案就已在心底说了千百遍。可她还需要一丝理智，因为她不是一个人。

诚子与母亲相依为命多年，母亲定然不舍得她远走。看着母亲，不知何时起，她的鬓发间已然爬满了白霜，她已非盛年。但诚子还是把心底的想法说了出来，且做好了所有准备，倘若母亲不愿，她终是不能随他离去的。但母亲竟答应了，没有挽留，没有埋怨，只是说每年必须回来看看她。

李叔同牵着诚子的手登上回国的轮船。汽笛声同样沉闷，几年前，他望着家国海岸线愈行愈远，那时他只有悲愁。而今转身，异国已是远方，再向前是故土，心有喜悦，却也五味杂陈。诚子小心翼翼地抚摸着母亲为她缝制的嫁衣，有离别的伤感，也有无法掩饰的欢喜。抬头看向甲板上的丈夫，他背手站在凛冽的海风中仰望苍穹，几多寂寥，几多傲然。他的心从未对谁敞开，就像此刻，他背对着她，诉诸给了苍茫。即便这样，他们依然相爱。他是她的城，只要跟随，走到哪里，哪里就是家。

前方深浅错落的线条越来越亮，白鸥长鸣，人声鼎沸，到岸了。不是天津的塘沽口，而是上海的浅滩。李叔同打算把他们的家安置在上海，津门李家那座大院无法安放诚子的一世温情与明媚。

法租界一间简式公寓楼里，诚子静静地站在李叔同一侧。空空荡荡的房间，不算大，却足够容纳两个人生活。她扭头看向李叔同，一眼他就读懂了她的浅意。他曾设想，如果诚子选择留在日本，他一定会落寞许久。曾经朝朝暮暮，形影不离，她的简单，她的纯然，还有那些少女的心事，都在撩拨着他险些干枯的红尘。所幸，她已是他的四月天。

经过李叔同一番精心装饰，房间倒显得雅致。墙上挂满了参差错落的画作，一排排书卷，一沓沓宣纸，清淡香郁的丹墨，任谁说，都是书香家。有归属，有寄托，诚子安然地躺在丈夫怀里，遥想着今后的华丽、温馨。

一别数年，李叔同想回津门看一看，那里的妻儿，那所宅院，“桐达李家”，还有母亲的家。诚子没有挽留，虽然心里不舍，虽然猜到那里有另外一个女子等着他。她能理解等待的凄苦，也懂得挽留是徒然。李叔同说很快会回来，却没有说具体时间，提起行李就走了。他该有多习惯转身，没有一丝留恋，甚至没来得及与她吻别。

天涯的游子，他是没有归期的那种，尽管世间对他百般致意，他依然只愿做个过客。

第四章

家族没落，独自谋生

李叔同从日本学成归来数年后，李家破产。他南下浙江第一师范学校，任教美术和音乐课。他在任教期间，营造出前所未有的艺术氛围，改变了艺术课程在学生心目中的地位，使得美术、音乐成为了和国文、数学同等重要的功课。在他的言传身教下，培养出了画家丰子恺、音乐家刘质平等一众优秀人才。

桐达李家破产，教国文谋生

沉厚的瓦巷子里莺歌艳腔，茶楼酒堂子里说学逗唱。津门这座故里旧城，依如往昔熙攘又不似往昔繁华。熟悉的街道，泛着恍惚如昨日的晨光。李叔同提着行李静静路过。对这个地方，他不想去追忆去深陷。往事已往，被默默深埋在这座城下，已是很好的安排。

李家门前，李文熙携家众等着迎接多年未见的兄弟。青丝抽白，容颜浸华霜，不知不觉，李文熙已年过40。他遥望街巷，熟沉的眸子里流转着期盼。那血浓于水的亲情果然会随着岁月拉伸越发浓稠，仿佛曾经寡淡如水只是儿时稚气。李叔同一身洋装而至。一声兄长，一声欢迎回家，兄弟二人终又坐在一起喝喝酒品品茶，说说人生无常，聊聊风云变化。

收到丈夫即将归来的消息，俞氏带着两个孩子在厢房外静静候着。她不愿去门外与大家一起等，或许是隐藏期盼，又或许是习惯了在他面前静默。过去，日复一日年复一年，她等着，盼着，但最多的是听天由命。直到丈夫提着行李站在她面前，她依然淡淡的，没有言语，也许仍是觉得不够真实。两个孩子羞涩涩地躲在母亲身后，偷偷瞥着那个着装奇异之人。

她有她的一方深宅，他有他的海阔天空，悠长的沉默是他们之间最好的默契。安顿妥当后，李叔同就去打理他的洋书房。摆一架钢琴，置办一套书画家具，且毫不避讳把诚子的裸体画挂在了正对房门的墙上。俞氏见了，只是淡漠地低下头，她猜想那画中女子定然与他有许多不寻常的故事。

很快，“桐达李家”三公子留洋归来的消息传遍了整个天津城，李家一时间门庭若市。只不过，当那些迂腐的老学究听说李家三郎的书房里挂着一幅少女裸体画时，深觉惊世骇俗，一个个唾沫横飞，各种背地里谴责。李叔同如若未闻，该在洋书房里会客就会客，无事时就弹弹琴，写写诗，画几幅画。

闲时琴棋书画诗酒茶。可闲久了，难免乏味。李叔同腻味了赋闲在家的日子，便脱去洋装，换上了灰布长袍和黑呢马褂，在津城有名的工业学堂教起了绘画。绘画是直隶高等工业学堂专门为李叔同开设的课程，足见那时他的艺术造诣在国内早已盛名高涨。

津门的秋一如从前萧瑟清冷。李叔同的生活两点一线，白日里去学校教课，夜里偶尔弹琴作诗画，偶尔与兄长对月浅酌。他时常会念起诚子，她一定站在窗前望着北方，期盼他早日归去。临行时虽嘱托好友许幻园和曾孝谷多加照顾，他仍觉得愧疚。想到诚子此时此刻正孤苦无依，李叔同只想尽快南下。

片片薄雪染白窗外，李叔同估摸袁希濂不会来了，这位天津法官每天都有处理不完的事情，可听说他回了天津，纵是一盏茶的工夫，袁希濂也会跑过来跟他叙叙。二人时常烹茶温酒谈说古今，偶尔也会提起当年在城南草堂的写意时光。那时候笑也简单，忧也纯粹，年少时的洒脱是真洒脱，不似现在，悲愁苦闷都必须藏在皮囊下。然而白白莹莹的远方，袁希濂还是披着风衣朝书房走来。

倘若这雪能净化纤尘，将这片土地上的乱与旧度化成尘封，他一定愿意在这红尘多停留些时日。那时，全国起了风，风吹着革命的号角，掀起了希望，也搅起了波澜。李家将河南内黄引地出让，丧失了盐商身份。伴随着全国各地金融业的动荡，李家经营的钱庄也相继倒闭。李文熙把能保住的家当尽数归在自己名下。凛冽寒风裹挟着锋利的雪片割裂了这座城与李家的繁华。

“人生犹如西山日，富贵终如草上霜。”年少时的李叔同就已晓得富贵繁华不过镜花水月。他一生不为名利，只愿随心随意地活着。兄长李文熙却过不了家业垂败那道坎，终日借酒浇愁。

那时，功名利禄，富贵荣华，皆显得缥缈虚浮。革命的浪潮从四面八方涌向京城，几千年的封建帝制终于土崩瓦解，封印在了史官笔下。自此，民国建立，人们终于迎来了新的时代曙光。只是，身在旋涡中心的北方依然动荡，混乱不安。李叔同盼着家国新生，却不喜乱世硝烟与纷争。南方尚有佳人依窗盼归期，他带她回国，却让她深陷孤寂，心中早有不忍。所以，他必须要回去了。

津门故土已非他之故土，来来往往，不过一路前尘。

李叔同收拾着行李，俞氏沉默着在一旁，绣着不知道是什么的东西。他从未与她商量，无论回来还是离开。他敬她，却不爱她。他懂她为这个家做出的所有牺牲，但无法对她深情。他是愧疚的，可他也只是单纯地做着喜欢的事情罢了。李叔同提起行囊头也不回地走了，俞氏依然沉默着，怀想着他还会回来。奈何造化欺人，这一别竟是永诀。

1912年早春，李叔同出发去上海。北之北风雪弥漫，南之南云雨缭绕。他观望天海几成一色，可世事又博杂无章。简也，繁也，难的不是取舍，而是迷惘。船停泊渡口，远远就见许幻园、曾孝谷和诚子呼唤着他，他心生暖意，连阴寒湿冷的海风也多了几分温情。

那一夜，好友二三，知己二三，围坐一席，温酒一壶，兴说天下事，从满是蛀虫的清廷说到如今的民国，从当年八国联军侵华论到今朝之荣辱得失，甚是快哉欢畅。一杯烈酒穿喉入腹，酒到浓时，性情即至，李叔同起身为辛亥革命之志士颂下一首《满江红》。

皎皎昆仑，山顶月、有人长啸。看囊底、宝刀如雪，恩仇多少。双手裂开鼷鼠胆，寸金铸出民权脑。算此生、不负是男儿，头颅好。

荆轲墓，咸阳道。聂政死，尸骸暴。尽大江东去，余情还绕。魂魄化成精卫鸟，血花溅作红心草。看从今、一担好山河，英雄造。

李叔同依旧是那热血男儿，心里装着天下苍生，感佩那些在前线倾洒热血的志士们。随之，变革的局势扩至四面八方，不明所以的人变得慌手慌脚，就连上海这座人文气息浓厚的城也未能幸免。许幻园的百万资产一夕间烟消云散，那处盛满了年少轻狂的城南草堂不得已拱手让给他人。抽走了最后一丝牵扯，撕碎了对亡妻的回忆，许幻园淡淡地告别后踏向了北方。

知己远行，他默默相送，从此月下席间又少一人，李叔同心中是诉不尽的寥落与不舍。可人生本就是迎来送往，他又奈何。日复一日，直至多年后，他仍未从离愁中醒来，悲伤浪涌绘成一波波旋律，在删删改改中，他写下这首《送别》。

长亭外，古道边，芳草碧连天。
晚风拂柳笛声残，夕阳山外山。
天之涯，地之角，知交半零落。
一壶浊酒尽余欢，今宵别梦寒。

曲终，泪尽，他终是在诗文中寻到了解脱。

日子又回到烟火中。李家破产后，李叔同再不能去钱庄票号伸手拿钱。为了支撑他与诚子的日常用度，便应下好友杨白民的邀请，任职城东女学，教授国文。

别走经年，一身红尘累满霜。再回首，已非风流少年郎。

加入南社，执编《太平洋报》

千金难赎自由客，半钱足践濒藉人。人生的变数，起起伏伏，高高落落。曾经繁华，今日萧瑟，不知明日又几何。李叔同亦如是，短短半世尘缘，可是要度尽世间悲喜愁苦。诚然，人在江湖，身不由己，只能走一步看一步，只不过，李叔同的人生从来都是跨越式的。

在上海，但闻街巷有识者，无不晓得李叔同之名。他在城东女学做一名普普通通的教员，实乃时局所致。民办的东城女学招生时未设门槛，但凡有心求学的女子皆可入。于是出现了很多有趣的现象，比如同为教员的黄炎培，妻子是他的学生，两个女儿又与母亲是同班同学，这可苦煞了其他同学，不知该如何称呼这一家四口。

女学生的年龄差异大，国文水平参差不齐，这倒方便了教学。李叔同只需按照课件普及基础知识。闲逸时，陪陪诚子，或与好友觥筹交错，闲话人生。

可李叔同早已不习惯虚度时光，常做闲人。不日，他经人引荐去参加两名烈士的追悼大会。南社代表柳亚子及众人慷慨激昂的发言，令李叔同声泪俱下，热血沸腾。

李叔同迫不及待走进了由柳亚子等人举办的南社第六次雅集。填词作赋，饮酒吟歌，与志同道合者舞弄风雅，确然尽兴。只不过，这种熟悉的情景，又令人莫名伤感。有诗有酒有好友，却不能复燃城南草堂时纯粹的快乐与意趣。

那些消逝的狂纵与情怀，终已沉入岁月。

雅集后，李叔同加入了南社。不久，他就与曾孝谷开始筹划创办“文美会”，以文学和美术研究为主。初次举办雅集，就有不少德高望重的前辈参与，如书画大家吴昌硕和李梅庵等。诸多名人逸士将得意之作捐展，如李梅庵的折扇、沈筱庄的象牙骨扇等。李叔同则别具一格，拿出一幅以莎士比亚诗作英字篆法的作品。活动当日，大批文人墨客纷纷前来，品诗赏画，饮酒阔论，颇有魏晋名士的气度与风骨。

初次雅集就成规模，李叔同自感欣慰。原打算每月开展一次，然世事难料，这第一期却也成为了最后一期。

回首往昔，但凡李叔同做过的事情，多半有始无终，每一次盛极之后总会匆匆熄灭。他又何尝无怅。每次还来不及续写盛况，命运又让他速速赶赴下一场。故此，又如何怪他不能善始善终！岁月对他本就慌里慌张的，我们也只能透过一些简单的记载和叙述来与他结一场薄缘。

春意渐晚。文美会雅集仿佛昨日，李叔同尚未转醒，就收到一封《太平洋报》的邀请函。《太平洋报》的创办人陈英早有意吸纳这位声名远播的英才，且聘他做报刊主笔兼主管文艺副刊和广告。工作内容几乎暗合了李叔同半数喜好，于是他欣喜接受，果然他是不得闲的。

《太平洋报》的主编中，有他的朋友，亦有不多见的名人，如南社柳亚子，半僧半俗的诗人苏曼殊，还有些不知名的作家。李叔同像个储满梦想的孩子，把全部心思注入报社。

不日，李叔同就在《太平洋报》发表了两首亲笔撰写的诗篇《题丁慕琴绘黛玉葬花图》。

其一

收拾残红意自勤，携锄替筑百花坟。

玉钩斜畔隋家冢，一样千秋冷夕曛。

其二

飘零何事怨春归，九十韶光花自飞。

寄语芳魂莫惆怅，美人香草好相依。

字里行间，淡泊是他，寂寞是他。原来，无论身边是否有良人相伴，是否情得志满，他心底仍有一片上了锁的孤寂之地。只是他太过平和，常让人生出错觉，觉得他终有了寻常人的情怀。

站在《太平洋报》这个宽大的练武场上，李叔同出拳展脚，开始策划广告和版面设计。他想到一个不错的主意，把广告形式花样化、趣味化，安插在新闻中，这样就不需要再单独辟出广告板块。殊不知，他的每一个想法都在为中国艺术开拓新路。他的广告设计立即被赞誉为“破天荒最新式之广告”。

紧接着，李叔同将枯燥无味的旧式广告画摒弃，创造出大量颇具趣味且艺术感丰满的广告漫画。他发挥自己的绘画特长，或在广告画中融入中国民族特色，或绘以生动活泼的漫画。那段时光，他很忙，又是真的快乐。同任《太平洋报》编辑的姚鹤雏说李叔同“图书环列，往往沉酣咀嗫，致忘旦暮”。无数个夜晚，灯光下，笔尖摩擦纸面发出的嚓嚓声，美如天籁，陪伴着那个拉得深长、略显孤寂的身影。

诚不辜负他的一片赤诚与辛劳，《太平洋报》开始跨上前所未有的巅峰时刻。时人常言，读《太平洋报》颇有意思，就连稚童对上面的图画也喜爱得很。于是，广告量也随之激增。“连日收到各界广告多至数百通。”引人啼笑皆非的是，广告部一边接单，一边为不能及时刊登广告而致歉。此情此景，确属报界未有之盛况。

倘若李叔同未生在清末民初，他也许会有另外一种活法。也许会循规蹈矩做一世风雅文人墨客，踏踏实实寻一佳人，岁月静好。现在他注定要在这乱世肆意狂歌，无论最终会活成什么样子，都要我行我素。

李叔同希望中国艺术能跳出孤芳自赏的井底，拓展国际视野。于是他在《太平洋报》上介绍日本美术界状况及其发展趋势，并讲述中国留学生在日本研习西画的情况。

报馆楼上，一间屋子，一个人，睡觉，看书，撰稿，李叔同的日常简约到极致。与他同在一楼的苏曼殊，亦是传奇人物。说起来，他二人生平还有些相似。苏曼殊因母亲是日本女子，家族身份低微，自小不受重视。他也曾年少轻狂，有一段苦恋不得的爱情，红颜屈辱离世，他入寺为僧。他才情卓绝，流传后世之诗篇无不令人惊叹叫绝，故被称为“诗僧”。

也许命运太相近，反而使得两人形同陌路，互不熟悉。传说苏曼殊曾批评李叔同的戏剧太幼稚，李叔同则不喜他半俗半僧的作派。虽不确定传闻是否属实，但李叔同却十分欣赏苏曼殊的才情。

那日，叶楚伧急着做新一期报纸版面，向苏曼殊求画，苏曼殊一无画具二无画室。情急之下，叶楚伧将他带去李叔同的房间，那时李叔同恰好不在。不多时，苏曼殊作罢一幅《汾堤吊梦图》。归来后，李叔同对《汾堤吊梦图》极为赞赏，遂于《太平洋报》发表，并附以《莎翁墓志》自译版。

君亦顾漫，天之明命，毋伤吾骨。

有保我之墓者，吾必佑之。

有移我之骨者，吾必殛之。

除此，李叔同还将苏曼殊的小说《断鸿零雁记》发表在《太平洋报》，令苏氏名盛文坛。

人与人相遇相识，或擦肩而过，冥冥中自有其深意。今日得缘，或许明日就要各奔东西。夏末秋初，风渐寒凉，草木凋零。李叔同与《太平洋报》的缘分也在这枯黄的季节草草收场。报馆因财务危机，再无法正常运作，不得已被迫停刊。

这世间的风刮来刮去，总如南柯一梦。草木荣枯，世事无常多变，都是有常理可循。他并不抱怨。尽管他又成了一枚落叶，不知归向何处。所幸时光还在，该去的总会去，该来的也总会来。

只身到杭州，任教浙江一师

习惯游荡的人对于秋天常有诉说不清的羁绊，大概这个季节太习惯离别了。

伊人在怀，李叔同为她撩去额间乱发，眼里满满不舍与心疼。当他告诉诚子，他即将去往杭州，但不能带着她同去，这个女子只是笑着让他安心，只因她知他的不易。如今诚子与远在津门的妻儿都需仰仗他过活，城东女学的薪水太过单薄，他必须另谋生路。人间烟火，无非二两薄钱，可这偏偏叫人进退两难。

时任浙江两级师范学校的校长经亨颐十分欣赏李叔同的才华，几次邀请他来浙师教授绘画和音乐。或许是盛情难却，或许这份工作来得正当时，又或许烟雨婆娑的杭州与他前世有约，他终究走向了那个宿命之地。

1912年7月，李叔同乘着浩浩烟波，孤身前往杭州。临行前一夜，他犯了咳疾，这是在东京留下的病根。诚子贴心地为他暖药、熬汤。她越懂事，越不求索，李叔同越发觉得亏欠。往后岁月，不知还会有多少离别横在他们之间。

几件衣物，几本诗词，一卷画具，随他抵达杭州的就只有这些。站在高高的城墙下，抬头是无法触及的浩瀚高远。如同这可笑又无情的世道，给了他一身天赋、信念和比天高的梦想，来来回回却是一身空。他所有的骄傲，也不过是谋生的工具罢了。

开学前十日，李叔同抵达学校。校工闻玉带他简单熟悉了一下校园环境，并帮他收拾好了宿舍。看着学子未归、空旷清幽的校园，李叔同心底的万千丘壑也随静谧的时光沉寂。在这里，没人会特别注意到他，旁人看到的只是一个沉默严肃却友好安详的教书先生。这倒恰合他心意，他是极喜清净的人。

他初来不久就认识了两位颇解风情的好友：姜丹书和夏丏尊。这二人闲来无事时常陪李叔同游湖散心。那时西湖的湖心亭中，常有三人饮着清茶，吃着菱角，谈笑风生。犹忆初涉西湖那日，三人说起前尘往事。时光惬意，李叔同不由说起城南草堂，几人或斗诗讨彩或醉饮塘岸。

正觉尽兴，忽而话止。三人皆是沉默，望着氤氲的烟波，每个人心里都盛着一段说长不长的峥嵘岁月。可往事太写意，说多了，徒增忧伤。那日夜半而归，李叔同伏案星火下，写了这篇《西湖夜游记》。

壬子七月，予重来杭州，客师范学舍。残暑未歇，庭树肇秋，高楼当风，竟夕寂坐。越六日，偕姜、夏二先生游西湖。

于时，晚晖落红，暮山被紫，游众星散，流萤出林，湖岸风来，轻裾致爽。乃入湖上某亭，命治茗具，又有菱芰，陈粲盈几。短童侍坐，狂客披襟，申眉高谈，乐说旧事。庄谐杂作，继以长啸，林鸟惊飞，残灯不华。起视明湖，莹然一碧；远峰苍苍，若现若隐。颇涉遐想，因忆旧游。曩岁来杭，故旧交集，文子耀斋，田子毅侯，时相过从，辄饮湖上。岁月如流，倏逾九稔。生者流离，逝者不作，坠欢莫舍，酒痕在衣。刘孝标云：“魂魄一去，将同秋草。”吾生渺茫，可唏然感矣。

漏下三箭，秉烛言归。星辰在天，万籁俱寂。野火暗暗，疑似青磷；垂杨沉沉，有如酣睡。归来篝灯，斗室无寐，秋声如雨，我劳如何？目暝意倦，濡笔记之。

字字为绝，笔笔金句，行间是说不尽的怅然情怀。独处时，他是多变的，欣喜、寂寞、好奇、失落、孤独、欢快……天下的词多半能在他身上展现。学生面前，他只是肃穆、安详。

铃声响起，学生们哄嚷着推推搡搡走进教室，看见老师已然端坐在讲台前。台桌上整齐摆放着点名簿、讲义，黑板上授课纲要写得清清楚楚，这般条理清晰又肃穆井然，必是新任老师李叔同的课了。为人师表，他自有一身严谨。传道授业解惑，他只求以生平所学为学子们指点迷津。

1913年，李叔同来杭州的第二年，浙江两级师范学校改名为浙江第一师范学校。由于绘画与音乐非主课，李叔同的生活既清闲又充实。课余时间，他穿过钱塘门，或徒步西湖边闲庭信步；或安坐茶楼上，品一品香茗，感一感千万浮生。有时，他会拽上夏丏尊再去湖心亭嗑菱角，听西湖风雨。每隔半月余，他会返回上海与妻子短暂相聚。善良的诚子从不言说苦郁，她习惯了站在窗前静静等候。

艺术课课时不多，学生却极喜欢李叔同的课。当年李叔同答应来浙师任教时，曾提出但凡他的学生必须人手一架风琴。那时浙师经费本就紧张，却不知经亨颐用了什么法子，确实凑了四五十架风琴，而且按照李叔同的要求，将风琴摆放在自修室、礼堂四周、走廊等处。艺术情怀深重的李叔同，决不允许艺术成为闷长烦沉的纸上谈兵。

一日，他和学生们在西湖的西泠印社举办了一场没有观众的音乐会。全场肃穆，无人噪舌，众人庄严地盯着李叔同手中的指挥棒。呼啸、绵长、婉转、悠扬……当棒止曲终，却看到学生热忱激昂久久难消，他颇感欣慰。

话虽如此，可对于担任教师一职，李叔同是有些意难平的。他的学生吴梦非曾说，一年盛夏，李老师曾与他泛舟湖上，说了这样一句话：“我在日本研究艺术时，决想不到自己会回来做一个艺术教师的。”他只想在自己的繁华里阅尽沧海桑田，奈何现实却叫他由不得自己。他那时的苦楚，足见于许幻园的信中：“幻园谱兄：承惠金至感。写件本当报命，奈弟近来大窘困，凡有写件，拟一律取润，乞转前途为幸。木印共十二颗，初六日刻好送下，至祷！弟息顿首。”对好友收取报酬，他深感歉意，但捉襟见肘的经济压力又是不能忽视的大问题。

不过，李叔同在浙江一师的那些年，虽有伤感，亦有些好境遇。同年，他以校友会之名，编撰了一期杂志《白阳》。

创刊号《<白阳>诞生词》曰：“技进于道，文以立言。悟灵感物，含思倾妍。水流无影，华落无烟。掇拾群芳，商量一编。维癸丑之春，是为白阳诞生之年。”

杂刊上，李叔同以息霜之名，分类详述《西洋乐器种类概说》《石膏模型用法》《近世欧洲文学之概观》。他还发表了中国第一部三部合唱曲《春游》。

来杭第三年，凭课余时间，李叔同、经亨颐和夏丏尊等人举办了以研究金石技法与创作为主题的“乐石社”。作为社长的李叔同为全社成员作小传，对自己则嘲言：“幼嗜金石书画之学，长而碌碌无所就。性奇僻不工媚人，人多恶之。”乐石社常办雅集。每次雅集结束，李叔同都会把大家篆刻的印章拓印成谱，刊作《乐石集》，随后寄给东京母校的学弟学妹作参考。

李叔同对艺术，最不喜苟且糊弄。所以绘画课所需石膏模型、画具、颜料等皆是从国外买回。作风景油彩画时，他常带着学生去校外写生。写生这种事情在当时仍不多见，多次引来警察。

李叔同还带领学生开始中国绘画史上第一堂人体写生课。当男子敞开裹在身上的那层薄被，赤裸裸站在穿过窗子的暖芒下，学生们顿时无措慌悚。他们怎么也未想到要画的模特竟不着寸缕，着实让人难为情。李叔同理解学生们的反应，他微笑着讲起力与美的结合。随着他诗意般的讲解，模特身上的每一块肌肉，每一处转合，化作一处处艺术描绘。学生也渐渐放下成见和抵触，勇敢地描绘每一束光彩。

恍然间，已是李叔同来杭州的第四个夏天。柳亚子和朋友来杭州游玩，李叔同与他们一同前去西湖孤山，凭吊葬在此处的明朝万历年间的才女冯小青。那又是一段可歌可泣的悲伤，如同那座荒草中的孤坟。世事如锦瑟流光，18岁的她怎会想到陪伴自己的竟是那不悲不喜的悠扬古刹钟鸣。

江南大概美好或悲伤的故事太多，才会四季烟雨不散。朦胧中，一个瘦高的身影像穿越了百年，步子踱得不紧不慢，朝湖心亭的方向走去。他的故事也将不寻常，也许刚好适合盛放在这袅袅水云间。

李叔同和刘质平

李叔同偏生是个性子冷傲的人，始终让人觉得，他就该行舟山水，独自飘零。大抵性情中人都这样看他。可自从他担着老师的名号，却把不为人知的热心肠的一面展现了出来。李叔同去杭州教学的第一年，有个叫刘质平的学生也出现在了那里。于是一场跨越普通师生情感的邂逅徐徐拉开帷幕。

1912年冬，阴郁了许久的天空坠下簇簇雪花，落在硬壳子地面，萧萧瑟瑟。刘质平紧张于一个本子，匆匆去找李叔同。那是他经过多次揣摩后做成的第一首曲子。看着这张略显紧张而稚嫩的脸，李叔同接过他手中的谱子，仔细端详后沉默良久。刘质平更加紧张了，他是个骨子里缺乏自信的人，况且至今还没有哪个学生独自作曲。

“晚上8时35分到音乐教室去。”李叔同神色平静地说完后，转身离去，独留刘质平一人忐忑站在原地。

入夜三分，天空雪倾不止，校园披银挂芒。由远及近，传来咯咯吱吱的踏雪声，走近些瞧，是刘质平早早就赶来了音乐教室。隔着窗子，教室漆黑一片，大门紧闭。刘质平站在教室门口，心里既紧张又摸不清头绪。等待是最折磨人的事情，他的手脚被冻得有些发麻刺痛，可依然静默在教室门外，没推门进去，也未想过离开。时间到了，教室灯光乍亮，李叔同从教室走出来，手里拿着那块从不缺席的金表，道："时间无误，一分不差。"随之便让他先回去，明日再详谈。

热爱音乐却生性淳朴的刘质平，多年后才知那是李叔同对他的考验。民国初期，人才辈出，青少年一代，崭露头角者比比皆是，可并非所有人才都是璞玉，也并非所有璞玉都能被雕琢成器。刘质平在音乐方面的天赋毋庸置疑，但李叔同更看重人的品性与德行。他既是如此严苛又不容有瑕。

废陈革新的年代，多风雨无测，人心飘零。刘质平能遇李叔同为师，是幸事。李叔同向来是护短的，尤其对天赋异禀又得他认可的学生，更是不遗余力给予帮助。自那次雪夜之约后，李叔同看刘质平的眼神多了抹异彩，并于每周特为他开设乐理课一小时、钢琴课一小时。还将他带去暂居杭州的美国教师鲍乃德夫人那里进修钢琴。

1915年的秋格外寒凉。刘质平久病难愈，无奈休学。分秒必争的人突然仰卧病榻，离开心爱的音乐，心中难免空落、惆怅。李叔同感同身受，于是就给他去信一封：人生多艰，不如意事常八九。吾人于此，当镇定精神……胸中必另有一番境界……

李叔同不善于劝慰或开解，他只想做个顺水而行的人。可对于刘质平，李叔同是真心疼惜和爱护的，只希望他能尽快排除干扰，安心休养，早早返校。恰是这寥寥数语，解开了刘质平的困惑，使得他郁气尽消，开朗明志。

次年盛夏，知了声吱吱，热浪滚滚烤得人焦灼不耐。浙江一师校门口，一个、两个、三个……数不清的学子拖着行李走出校门。几个春秋转眼即逝，李叔同送走了自己的第一批学生。而刘质平则在他的劝导下，东渡日本，继续深造。

出身寒门的刘质平当初能在浙江一师就读，是因学业出众，获得免除一切学杂费的资格。可说到底，艺术那片汪洋，如临渊孤帆，一旦断了现实给养，再饱满的热情也会悄然枯萎。留学时，刘质平虽获官费资助，也不过是杯水车薪，勉强度日罢了。困窘的留学生时常受到当地人的刻薄言语，甚至极尽挖苦。他实难接受，时常颓然。

在日本时，刘质平与李叔同常通书信，或说他们这一生的联系从未间断。惜徒心切的李叔同看出他言语中的惶恐，于是复信一封作勉励：“君之志气甚佳，将来可为吾国人吐一口恶气！”并体贴入微，叮嘱时下应注意事项：注重卫生，健康为上；慎重出演，免遭人嫉妒；留学者品性参差，慎重交友；求学需循序渐进，不能冒进；忌心浮气躁；等等。

师父领进门，修行在个人。等深入接触西方音乐，刘质平才觉出差距之大，又时常因失误而无法驾驭，担心考不进音乐学校。李叔同不愿他消耗太多时间去自度，于是回信：

愈学愈难，是君之进步，何反以是为忧！B氏曲君习之，似躐等，中止甚是。试验时宜应试，取与不取，听之可也。不佞与君交谊至厚，何至因此区区云对不起？但如君现在忧虑过度，自寻苦恼，或因是致疾，中途辍学，是真对不起鄙人矣。从前鄙人，与君函内解劝君之言语，万万不可忘记，宜时时取出阅看……

让人钟情一件事，或者成就一个人，不是巧合，也不是无缘无故的，就像夏雨冬雪，春生秋黄，均是极温柔的造化。

1917年秋，刘质平顺利考入东京音乐学校。可生活的苦难从未饶过这个稚涩的人。他再一次因经费不足陷入捉襟见肘的境地。久而久之，他便有了放弃学业的打算。他在给恩师的信中写道：“有负师望，无颜回国，惟有轻生，别无他途！”

刘质平的求学之路太苦，李叔同担心他熬不住而做出出格的事情，在多方筹措未果下，只能自己资助这个得意门生，遂告知刘质平：

如君学费断绝，困难之时，不佞可以量力助君。但不佞窭人也，必须无意外之变，乃可如愿。因学校薪水领不到时，即无可设法。今将详细之情形述之如下：

不佞现每月人薪水百零五元。

出款：

上海家用四十元，年节另加；

天津家用廿五元，年节另加；

自己食物十元；

自己零用五元；

自己应酬费买物添衣费五元；

如依是正确计算，严守此数，不再多费，每月可余廿元。此廿元即可以作君学费用。

那年，李叔同已有远离红尘的心思，却仍站在船上尽力摆渡，将一个又一个年轻人送去远方。便是临入空门，将绝尘缘时，李叔同也事先给刘质平去了信，说明会给他凑一笔学费，若凑齐，他即刻出家，若凑不齐，会继续赚钱。

窗外是远去的高山流水，窗下他正执笔写下对学子的牵挂。阳光洒满了桌前，照着那个温暖又可爱的人。

刘质平与李叔同互通信件长达27年，他是收藏恩师墨宝最多最全的人。说及他们之间的情谊，刘曾说：“先师与余，名为师生，情深父子。”

他的一生从绚烂到沉静，快到令人措手不及。从前，他喜看人生如戏，喜站在台上做个舞者。现在，望月是清，看水是静，他在戏外，已是站得极远极远。

李叔同和丰子恺

当年，他写下一首《祖国歌》，还在懵懂时光里的那个少年每日哼唱着。那时，少年还不懂时事，只记得歌很好听，歌意很畅快，写歌的是个叫李叔同的爱国青年。

有人说，李叔同无心插柳，恰好结了善缘，才成就了名画家丰子恺。世间事，最不好说清的便是因果。在对的时间遇到对的人，是不错的解释，或者说宿命如此，即使隔着千里万里，也会在合适的年轮里相逢。

1914年，李叔同在浙江一师任教的第三年，17岁的丰子恺提着大小行囊踏进这所原本不太中意的校园。因为他设想的未来不是教师，却又碍于种种原因选择了这里。

上课铃响，丰子恺和同学们有说有笑进入教室，讲台前已站着一位先生。“高高的瘦削的上半身穿着整洁的黑布马褂，露出在讲桌上、宽广的可以走马的前额，细长的凤眼，隆正的鼻梁，形成威严的表情。”这是丰子恺在浙江一师初次见到李叔同时的样子。他那双澄澈而又威严的眼睛，如一扇结界，把门外的纤尘阻断，独留一片清净、一片庄严。

丰子恺自然知晓，眼前的李叔同就是当年那个写下《祖国歌》的青年，知晓他盛名远播，才华横溢，曾打破无数陈规旧调，成为无数当先第一人，更是把西洋美学和音乐、话剧引入中国。只是，那个满身华彩的李叔同与眼前的李老师似乎相去甚远。如今的他人到中年，却仍做着一名普通的音乐及美术教师。

学生坐好，李叔同深鞠一躬，开始授课。讲台上那块摆放规整的金色手表，在阳光的变幻中折射出不一样的光彩。

那一年，李叔同对教员的生活多少有些厌倦。让他欣慰的是又发现了一个绘画艺术天赋颇高的学生——丰子恺。那个怀着满腔热情，却喜爱自由的少年，与他曾经的年少不羁颇为相似。

和风拂煦杨柳岸，西湖烟霞迷蝶深。山霭深处传来一道道钟声，落霞将晚。学生们支起画架，边欣赏西湖落霞之美，边挥动手中画笔精心勾勒。李叔同静静观察着每幅画的创作进度，偶尔温和简练地指点指点。蓦然间，他发现起初那个只会乱涂鸦的丰子恺画得有模有样，不由对他多关注几分。

丰子恺在此之前，只喜欢埋首数理化，遇见李叔同之后，却渐渐喜欢上了绘画和音乐。想起李叔同初次指导自己画石膏的情景，画面犹新，他说："同学一向描惯临画，起初无从着手。四十余人中，竟没有一个人描得像样。后来他范画给我们看。画毕把范画揭在黑板上。同学们大都看着黑板临摹。只有我和少数同学，依他的方法从石膏模型写生。我对于写生，从这时候开始发生兴味。我到此时，恍然大悟：那些粉本原是别人看了实物而写生出来的。我们也应该直接从实物写生入手，何必临摹他人，依样画葫芦呢？于是我的画进步起来。"

花开花谢，草长莺啼。浙江一师的清晨悠扬起了琴声，画室里也已挤满了写生作画的学生。一缕风，一朵云，一只飞鸟，一片落叶，三五成群的少年，迎着朝阳，好一幅时光悠慢、青春洒意的艺术殿堂。而这一切都要归功于一个名字：李叔同。

在学生心里，他总是与众不同的。心性爽直又洒意的丰子恺一向不喜那些居高临下，整日里以势压人，实则色厉内荏的教员。唯一能让他心服口服的便是李叔同。他说："李先生不但能作曲，能作歌，又能作画，作文，吟诗，填词，写字，治金石，演剧。他对艺术，差不多全般皆能，而且每一种都很出色。专门一种的艺术家大都不及他，要向他学习。他教授的图画、音乐，有许多其他修养做背景，所以我们不得不崇敬他。借夏丏尊先生的话来讲，他做老师，有人格做背景，好比佛、菩萨的有'后光'。所以他从不威胁学生，而学生见他自生敬畏，他从不严责学生，而学生自会用功。他是实行人格感化的一位大教育家。我敢说：自有学校以来，自有教师以来，未有胜于李先生者也。"

李叔同不曾对学生有半点儿疾言厉色。若有学生犯错，他会在课下温善引导，而后对受教学生鞠一躬。早已习惯了老师劈头盖脸的呵斥，这突然而至的彬彬有礼，委实令人手足无措，甚至不少学生坦言，情愿被骂，对李老师的和颜悦色着实吃不消。李叔同的一位学生曹聚仁亦曾说起："在我们的教师中，李叔同先生最不会使我们忘记。他从来没有怒容，总是轻轻地像母亲一般吩咐我们……他给每人以深刻的影响。"

他依然是这样，无论做什么都能做出些声响。1915年秋，李叔同收到南京高等师范学校校长江潜的邀请，望他能去授任绘画和音乐课。从此他开始两地奔波，时有疲乏，却从未懈怠。他关心每一位学生，总能提携身有特长者，对不同性情者，亦能因材施教。如天赋极高的丰子恺，李叔同总是不遗余力地给予他帮助和引导。

那一日，因为琐事，丰子恺与训育主任发生争执。他对平日里作风嚣张粗暴的训育主任早看不顺，一时血气翻涌，动了手。虽只是推搡几下，训育主任仍执意要报给教育厅，要求严处丰子恺。

在全校师生紧急会议上，训育主任张嘴闭嘴说着丰子恺忤逆不敬，认为必须开除，以儆效尤。一向沉静温和的李叔同有些急了，说动手的确有过，学生有过失，老师自有不可推脱的责任，可不该因一次过失就严重到开除学籍。葬人前途，毁灭人才，亦是国之损失。他这番话颇得认可。丰子恺由此躲过一劫。

世间事无巧不成书，巧的就是因一段缘发生不可思议的转折。他行山水处，不偏不倚恰好度化了那个意气少年。作为级长，丰子恺需时常向李叔同报告班级事宜。一次，当他说完准备离开时，李叔同叫住他，说他的画越发出众，进步很快，自己在杭州和南京两地授课，学生颇多，有天赋者亦有，却没发现哪个学生如他一般进步快……李叔同点到为止，他知道丰子恺是个聪明孩子，有些话不必说透。

那晚，师徒二人畅谈到深夜。李叔同温和的言语、期待的眼神，丰子恺每每回想，依然激动不已。他说："当晚李先生的几句话，确定了我的一生。这一晚，是我一生中一个重要关口，因为从这晚起，我打定主意，专门学画，把一生奉献给艺术。几十年来一直未变。"

千帆阅尽，璀璨华年，皆是恩师默默地点化。教他日语；引他做来华写生的黑田清辉及众友的导游；劝说他留学日本进修；等等。有良师如此，丰子恺与画结下深缘，一生钻研画艺，精益求精，终成一代绘画名家。

许多年后，几经周折，丰子恺终于找到那枚常常静躺在讲台上光华闪烁的手表，并将其赎回。它仍是那般流光溢彩，折射着那段岁月里的时光静好。为回报恩师，丰子恺用自己手中的笔和47年光阴，创作了至今都具有广泛影响力的《护生画集》。

多想，那段清末民初的寂寞浮生不要赖在他一人之身；多想，某天醒来时，是趴在课桌上，讲台前站着温文儒雅的先生。然后对旁边的同学说，刚才做了一个很长的梦，梦里的我们已不再是当初的样子，梦里的先生却依然是那个醉意花间的人。

一生挚友夏丏尊

屋老，一树梅花小。住个诗人，添个新料。

爱清闲，爱天然。城外西湖，湖上有青山。

陈师曾为夏丏尊租住在弯井巷的一所老屋画了一幅《小梅花屋图》，李叔同便为这幅画题了这首词。因着老屋前的一株梅树，夏丏尊特取“小梅花屋”这个相得益彰的雅名。一众好友得闲时常来一聚，为老屋填词摹诗。兴致盎然时，夏丏尊亦随了首《金缕曲》：

已倦吹箫矣。走江湖、饥来驱我，嗒伤吴市。租屋三间如艇小，安顿妻孥而已。笑落魄、萍踪如寄。竹屋纸窗清欲绝，有梅花、慰我荒凉意。自领略，枯寒味。

此生但得三弓地。筑蜗居、梅花不种，也堪贫死。湖上青山青到眼，摇荡烟光眉际。只不是、家乡山水。百事输人华发改，快商量、别作收场计。何郁郁，久居此！

为梅舍摹作的众多诗词中，夏丏尊更喜李叔同诗作的清新与旷远。他看李叔同，就像看一把锋利的长剪，那么轻易地就将荒诞的枝蔓剪掉，又任凭寂静又雅趣的枝丫伸展。李叔同多是寂静的，却人生五味皆有，又适宜之。

李叔同亦何其有幸，在他静默的时光里，常有夏丏尊的陪伴。他二人一个清瘦，一个壮实，性格迥异，却出奇地合得来。自李叔同来浙江一师，两个人便不期然处到了一起。闲时泛舟西湖，湖心亭酌酒一杯，菱角一盘，说些趣事。时常月上中天，虫蛙皆眠，二人还在扒拉着有没有遗落的菱角肉。

偶有沽名钓誉之流来学校搞些不切实际的演讲，李叔同与夏丏尊最不喜欢这种讨巧卖乖的场合。于是二人常默契地偷溜出去，或西湖散游，或茶楼品茗。

李叔同长夏丏尊6岁，夏丏尊看上去则比李叔同老成。关于他们之间的情谊，夏丏尊常说，默契远多于交游，是超乎寻常的。他说："他的一言一行，随时都给我以启迪。"他是个多愁善感的人，沉默时多些，这样的性子本不讨人喜欢，却莫名地博得李叔同欣赏。

一次，学生宿舍里某个学生的箱子被人撬开，损失了些钱财。夏丏尊身为舍监，必然要给学生一个交代。可他几番探查下来却毫无进展，只好去求助于李叔同。李叔同稍一思索就有了主意。他让夏丏尊写了一张通告，张贴在人人可见的校门口。大意是劝说贼人快快自首，时限三日内，否则便是夏丏尊这舍监德不配位，不能服人，只好以死明道。夏丏尊听得心惊肉跳，李叔同还不忘嘱咐，定要表达得诚实，才能感人至深。若三日后无果，就要兑现承诺以死殉之。夏丏尊瞧他一脸认真，无一丝打趣的意思。而后，夏丏尊示意绝食。不几日，被盗钱财一分不差地被放了回去。

孰料后来李叔同也遇到了这档子事儿。他的学生潘天寿的一件毛衣不知被谁拿了去，无人承认，他也不能随意抄查学生寝室。李叔同便索性学了夏丏尊的法子——绝食。东西一日不归还，他一日不食。他那决然的性子，大家都是晓得的，丢失的毛衣很快物归原主。

这些不算趣事的趣事，也就他二人能做得那般大义凛然。

说一千道一万，他们二人实乃相当“臭味相投”。记得浙江一师未更名前，有一首校歌：“功如忠肃，学似文成，自古名贤数浙人……”唱起来格外豪迈。偏他二人觉得这首歌比上不足，缺少了些灵气，二人便打着气象换新的名头，重写了一首校歌。

人人人，代谢靡尽，先后觉新民。
可能可能，陶冶精神，道德润心身。
吾侪同学，负斯重任，相勉又相亲。
五载光阴，学与俱进，磐固吾根本。
叶蓁蓁，木欣欣，碧梧万枝新。
之江西，西湖滨，桃李一堂春。

李作曲，夏填词，不日便作出了这首温心婉约、很接地气的新校歌。词风词曲虽然变了，不如旧歌犀利，却有一方春风化雨、返璞归真的文艺气息。而后人人传唱，确然比说教更有感化力。

当李叔同决定要创办《白阳》杂志，夏丏尊第一个站出来予以支持和协助。李叔同身上有着常人难及的魄力和坚韧，他想做什么，就会做什么。大概他会与人商量细节或征求建议，却从未犹豫过可否、对错。夏丏尊尤其敬佩这一点。许是真与李叔同待久了，平常里少言寡语、四平八稳的夏丏尊也学起了文人样子，在《白阳》上发表了两篇诗。

承彼此一番深情厚谊，李叔同有事，总会先想起夏丏尊，与之唠叨一二。在浙江一师任教期间，他曾多次向夏丏尊表露离去的想法，却每每被夏说服，又打消了念头。夏丏尊提及，李叔同大概向他说了三四次想辞职的事。理由每次各异，或不喜学校作派，或反感校方决策，又或收到了其他院校的盛情邀请，等等。对此，夏丏尊说："他几次要走，都是经我苦劝而作罢的。甚至于有一段时期，南京高师苦苦求他任课，他已接受聘书了，因我恳留他，他不忍拂我之意，于是杭州南京两处跑，一个月中要坐夜车奔波好几次。"

不管以什么样的方式，李叔同一向是按照自己的意愿前行。只不过，他对知己好友的重视，却不是常人能比的。

老屋前，红梅傲雪。木窗下，暖炉围香。酒过三巡，夏丏尊说着些天南海北的趣事，李叔同望了眼悬挂在梅梢上的弯月，不期然又想起了往事。多年前，也是一场大雪淹没了很多人回家的路，三五知己也是这般围炉暖酒，唱着今朝有酒今朝醉，说着天下兴亡匹夫有责。或许正是那时的无尽欢乐，他才这般喜爱到夏丏尊的小梅花屋来。

多少年来，李叔同习惯了一个人，带着并不多的行囊，去了一个又一个陌生的地方。可走在荒漠里的人，并不只喜欢孤独、寂静，偶尔还需有人一起的温热时光，需有一处小小可放纵之地。诚然，出现了个夏丏尊，不仅去除了他的一些俗欲，也为他斩断红尘助了缘。

"君子之交，其淡如水。执象而求，咫尺千里。问余何适，廓而忘言。华枝春满，天心月圆。"临终前，李叔同留下这一小偈送于夏丏尊，他曾说，出家的因由大半是源于夏丏尊的助缘，这样的恩情是永生不能忘记的。故而，在他圆寂之际，依然对这位挚友念念不忘。

第五章

转身红尘外

1918年，39岁的李叔同将自己视若珍宝的书籍、字画、折扇、金表，悉数送给友人，只携带了几件布衣和日常用品，就在杭州虎跑寺剃度出家了。他甚至事前没有和妻子沟通，直到他进了寺院，妻子才得知消息，匆匆赶来，他避而不见。转身红尘外，从此世上再无李叔同，只有弘一法师。

尝试断食疗法

西湖西南隅大慈山下有一座虎跑寺，青山环伺，丛林拥抱，更有山泉。有说宋代高僧济公便是圆寂于此，虎跑之名亦由梦而来。传说唐代高僧性空大师与弟子来此结庐，因水源匮乏，不得已决定迁走。某夜却有仙人示梦，两虎刨壁，泉涌不息。不二日，果真有两虎到此刨穴，清澈泉水涓流而出，自此不断，是为“虎跑梦泉”。

传说不可求证，这里却实在灵杰。比如他的到来，像一场精心策划下的“预谋”，一支精准的箭，绝非偶然。

1916年夏，再平常不过的一日。夏丏尊只是撩了一眼日本杂志上刊印的《断食的修养方法》，文中提到断食能给身体减负、净化，自古不少宗教徒皆尝试过断食修炼之法。夏丏尊觉得有趣，便与李叔同提了提，开玩笑似地说了句“有机会最好把断食来试试”。

旁人眼耳里，李叔同才华横溢，博学多才，沉稳寡语，却时常一语惊人。实则只有他清楚自己早已如山中枯木，虫蚁伐身，身心俱疲。他一直在找寻渡口，奈何天地茫茫，四顾无人。如今听到断食理念，其思想多与自身诉求不谋而合，可以治疗失眠，又可以净化身心，升华精神。总之，他是认真了，也入心了。

秋尽冬寒，时光静默，弹指却已是寒假。学生和教员纷纷作别，提着大小行囊回家过年。当大家以为李叔同已回上海与妻子团聚，不想他正站在大慈山下密林外的入口处，望着世外苍山。

时至次年1月，没有声张，没有告诉其余人，李叔同只是与西泠印社好友叶品三商量了一二，便简单收拾了几件换洗衣物，在校工闻玉的陪同下进入大慈山。后来，他在一篇文章中说起了前因后续。

民国五年的夏天，我因为看到日本杂志中有说及关于断食可以治疗各种疾病，当时我就起了一种好奇心，想来断食一下。

因为我那时患有“神经衰弱症”，若实行断食后，或者可以痊愈亦未可知。要行断食时，须于寒冷的季候方宜。所以，我便预定十一月来作断食的时间。

至于断食的地点，须先考虑一下，似觉总要有个很幽静的地方才好。当时，我就和西泠印社的叶品三君来商量，结果，他说在西湖附近的虎跑寺可作为断食的地点。

故而他默不吭声去了世外佛音之地。满世纤华在他身上缀满尘烬，他迫不及待想要度化，不管前尘是否就是一场刻意铺垫，大慈山里的虎跑寺已然是粗挺的一根稻草。

曲径石斜，衫袂沾露，溪水淅沥，越渐激响。一叶掠过，前方静默着一座四方凉亭，醒然印着“虎跑泉”三个大字。此地太过清幽。李叔同一路行止，只闻得鞋底贴地之声、冬鸟孤悦之声，还有枯叶窸窸窣窣的声音，确是个灵气充沛、未染尘屑的佳境。

虎跑寺全名虎跑定慧禅寺，寺里的护法丁辅之是叶品三的朋友，李叔同打算来时，叶品三便打好了招呼。等他到来时，客房已安排妥当，就在方丈楼下。妥善、周全是他一贯行事风格，断食不能受打扰，他便将全部身外之事交予闻玉处置。不见亲友，不看信函，不理俗事，不可交谈，若有必要，闻玉可代他行事。就这样，他将自己放逐于物外，日复一日静坐、练字、刻印。

李叔同还把断食的过程写于日记中。断食第一日，他六点起床，静坐片刻后洗漱。六点半后习字。早餐只食半碗粥，饭后静坐。九点再习字。午餐一碗半饭，一碟寡淡清菜。十二点后午休。午后二时静坐。三时习字。那时只觉饥肠辘辘，但未食。晚饭依然一碗饭，一碟清菜。饭后静坐片刻后早早就寝。

断食的日子寡淡如水，时常因饿意而难受。每日早早入寝，偶尔被上下行走的僧人搅扰难眠。但这终究是一场与灵魂的角逐，每一场遇见皆是修炼。所有痛苦在颠覆欲望的那刻皆会泯灭，但既来之则安之。殊不知，沉睡在他体内的佛意正悄然觉醒。

凡俗世人心绪博杂，情感深沉。校工闻玉亦是多情之人。他无法确定李叔同是否连妻子的信件都要拒之门外，擅自揣测下便呈递于李叔同。李叔同看到信件，并不怪他，这世上本无多少人能懂他的选择。他在日志中写道：“闻玉示我，雪子有笺。闻玉待我，周切备至，此情永不能忘。”

他未拆信，只在信笺上写下：“情”可谓也。来虎跑寺前，他给诚子寄了信，曾想她看到信时的失落与伤感，可他要走的路，注定是要辜负她的。李叔同心有愧疚，但尘世小爱已无法再压制这一世的宿命。诚子亦明白她的丈夫不会过寻常人的一生。

他的日记中写道：

……

丙辰十二月六日：今天，整日饮甘泉。断绝人间烟火。习字，静坐。思丝，虑缕，脉脉可见。文思渐起，不能自已。晚间日落时入眠。

丙辰十二月七日、丙辰十二月八日、丙辰十二月九日：静坐，习字，饮甘泉水。无梦，无挂，无虑，心清，意净，体轻。饮食，生理上之习惯而已！静坐时，耳根灵明，大地间无不是众生嗷嗷不息之声。

丙辰十二月十日、丙辰十二月十一日：精神界一片灵明，思潮澎湃不已。法喜无垠。

……

旁人读他的断食日志，只觉清苦，唯有他愉悦其中，他最初来意是修炼身心，转而羡慕起这与世无争的生活。每每僧人掠过窗前，那清素的儒衫浮影如皓月清音，魅人心神。转想尘世名利海，乌烟瘴气。说到底，这次断食之旅，让他对尘世多了几分淡意。

断食结束后，李叔同返回浙江一师，一如平常恭谨为师。然而夏丏尊看到他身如飘芦、清瘦枯寂的模样，既吃惊，又不免自责，甚至有些许悔意。可冥冥之中，偏是他助李叔同种下慧根，亦是他推波助澜，让李叔同遁入了空门。

心境空灵，身康步健，精神旷古，李叔同说那是断食后的“灵化”。他在赠予学生朱稣典的书幅中便写着“灵化”二字，落款：“丙辰新嘉平，入大慈山，断食十七日，身心灵化，欢乐康强。”

时光化简，车马绝尘，一片竹叶，一个小世界。有佛缘之人，纵风月花间，行了万水千山，也是要在某一刻或某个瞬间倾悟禅意，不念纤华。

虎跑寺出家，世间再无李叔同

“我来这个世界，不是为了繁衍后代，而是来看花怎么开，水怎么流，太阳怎么升起，夕阳何时落下。我活在世上，无非想明白些道理，遇见些有趣的事。生命是一场偶然，我在其中寻找因果。”王小波这段话，洒脱且通透。回首展望，西湖烟波上的那个男子已然行至红尘桥末。他是否顿悟得太早，所以一只脚还在陌上，又是否能够将他拉回？

明知不可回转，却心生妄念，这大概就是常人，而李叔同从来不寻常。

回到上海，李叔同手里只拎着一个小小的行李箱。看到他的那一刻，诚子只有说不出的伤感。他离她真的太遥远，追不上了。即便缩在他怀里，温度如初，情暖不复。从他站在门前的那一刻起，她已猜到结局，这里不再是他的归属，或早或晚他会永远离去。想到此，她万分悲痛，亦知挽留不得。

那几日，诚子只静静看着他读书练字。他像一株草、一朵云、一根木，无甚悲喜。爱情、姻缘这种事，终究是她少女情怀，想得太简单，可又无言以对。

心中有佛，万般皆空。滚滚红尘在李叔同眼里，越发如一池秋水。尘世的浩渺烟波如窗前的那枚枯枝一般，他心澄如镜，纵伊人在侧，亦无波澜。

即使他对诚子心怀愧疚，可心神达意，非他能束。

默默相守几日，李叔同便去意横生，匆匆赶回杭州，并非返校，而是去了虎跑寺。他喜极了那隐于山水间的暮鼓晨钟、素衣禅衫。他亦急需浮屠帮他禅解心底的桎梏。对命运齿轮的转衡，他知晓，却不抗拒，反而满怀渴望。几经人生起落，岁月沉疴，他终于找到了人生的归属。

李叔同给远在日本留学的刘质平去信一封，写道：“鄙人拟于数年之内入山为佛弟子，或在一二年亦未可知……现在已陆续结束一切。”终究，他的半世红尘梦太短，已然悄入尾声。在虎跑寺逗留多日，李叔同返回杭州城。他一如往常又不似往常，越来越沉默，如同要与外界隔绝，就连对丰子恺的日语教学也逐渐移交给了夏丏尊。他授课之余，只用来习字或研习佛典。那一墙之外的熙攘繁华与三千烦恼太复杂，已非他的世界。

大地沉沉落日眠，平墟漠漠晚烟残。幽鸟不鸣暮色起，万籁俱寂丛林寒。
浩荡飘风起天杪，摇曳钟声出尘表。绵绵灵响彻心弦，眑眑幽思凝冥杳。
众生病苦谁持扶？尘网颠倒泥涂污。惟神悯恤敷大德，拯吾罪过成正觉。
誓心稽首永皈依，暝暝入定陈虔祈。倏忽光明烛太虚，云端彷佛天门破。
庄严七宝迷氤氲，瑶华翠羽垂缤纷。浴灵光兮朝圣真，拜手承神恩！
仰天衢兮瞻慈云，若现忽若隐隐。钟声沉暮天，神恩永存在。
神之恩，大无外！

万籁俱寂，空山夜雨，观那万家灯火无不贪恋红尘，徒耗一生周旋贪嗔痴怨，可最终又有几个圆满，几场如愿！半世跌宕换半世清醒，李叔同明白了，或真或假顺其然，是圆是缺皆空寂。

这年秋天，李叔同又去虎跑寺，恰赶上法轮禅师讲经。听禅师一席法度，如甘泉净身，颇有感悟。回去后即作联“永日视内典，深山多大年”。题记：“余于观音诞生一日，生于章武李善人家，丁巳卅八。是日入大慈山，谒法伦禅师，说法竟夕，颇有所悟。”后将此联赠于法伦禅师。

李叔同向佛之心日益盛浓。那时虽在校园，他的生活着实变化大。先说他的居所，四壁画作尽数摘下，桌面原来摆放教具的地方如今工整摆放着几本佛法经典。吃食也由繁化简，每日只简单食些素饭素菜。房间里供着地藏菩萨、观世音菩萨等佛像，且日日净手焚香。日常起居，则完全参照佛家弟子。也许，你会好奇，都做到这份上了，他为何不直接出家？因为他还在等一个人，等那个在日本留学的刘质平回来，既答应资助他完成学业，一日不归便需授课一日。

又是一年天渐寒，雪零落，寒假至。学子归家，校园空舍。李叔同收拾好行囊，独自一人上大慈山，入虎跑寺，又居方丈楼下屋舍参禅静度。天意应是急了，才让他在那里遇到好友马一浮以及马一浮的朋友彭逊之。马一浮对佛学只是有些兴趣，未想过出家。倒是彭逊之在虎跑寺不过几日，就由法伦禅师为其剃度出家。李叔同目睹之，心卷梵音，佛心大定。

他在后来的一篇自述文中写道：

那个时候，则更感觉得有兴味了，于是就发心出家。同时就想拜那位住在方丈楼上的出家人师父。他的名字是弘祥师。可是他不肯我去拜他，而介绍我拜他的师父。他的师父在松木场护国寺里居住。于是他就请他的师父回到虎跑寺来。

弘祥法师未答应李叔同拜师的请求，是觉得自身资质不够，遂请自己的师父、松木场护国寺了悟法师前来。1918年的一天，山林阴郁闷沉，却无风雪。了悟法师初见李叔同，甚觉其佛缘深长，便收其为俗家弟子。自此，李叔同皈依三宝，法名演音，号弘一。

世人常说，民国烟雨浪漫又多情，青衫、长袍、油纸伞，酒香巷深莺歌语，繁花似锦情缘浓。他来自万丈红尘，又经香销旧梦，可他已非世人李叔同。什锦琉璃再华奢，也终将失去这个旷世才人。红尘灯灭，佛烛映辉。他要去的是彼岸，将行的是心路。

作别红尘，爱，就是慈悲

谁打翻了烛台？蜡油落地生了莲。

谁又推开了窗？清风捎走了尘缘。

人们常认为遁入空门的人，皆是万念俱灰。李叔同入佛，却是宿命，实为顺势。如今便要和前尘往事一刀两断，从此相忘于江湖，两不相扰，互不牵扯。世人又该对他生出诸多误解。其实，他很清楚，旁人必觉他此举匪夷所思，此举甚至轰动四海。

如今，他名作弘一，虽未剃度，心已弘佛。李叔同之名一身牵绊太多，三十余载红尘，即是一草一木，一鸟一虫，皆需放下，稳妥说一声“不相见”，身心方能自在。

春季，李叔同给留学日本的刘质平去信一封，言及无法再等他毕业：“不佞自知世寿不永，又从无始以来，罪业之深，故不得不赶紧发心修行……”信寄出，便向学校递了辞呈。

他将陈年绘画作品，尽数捐赠北京国立美术专科学校；所作或收藏的字幅、折扇和那块上课摆用的手表一并交予夏丏尊收存；自刻或收藏的93枚印章，由西泠印社收纳；乐理和曲谱等书籍，给了刘质平；绘画美学理论作品，留于丰子恺……一场又一场告别仪式，安静又肃穆，那样子酷似诀别。

远在津门的妻儿，自有兄长文熙照料，即使李家光景凋敝，也足以安度余生。细细想来，唯一放心不下的是那个温善如水，却因他而独守光阴的女子。前年暑假，他曾陪她回日本看望母亲，那时他依旧温文儒雅，一副好女婿模样。

辞职时，李叔同将预存的三个月薪水支出，分成三份。伸手发间，他揪下几根青丝和其中一份薪水交给好友杨白民，并嘱托，待其入山后，方可转交给诚子。万事似已安排妥当。回首望去，红尘河岸花开缤纷，万里疆土，是以无挂无念。两袖轻挥，往事前尘随风烟散。

他可以走，可以随心随性，便是要周游四海八荒，亦可。但这次，颇令人难受了些。

先生乃是多情多爱之人，怎忍心抛去亲友骨肉？学生不甘。原以为李叔同老师说要出家，只是一时性情，岂料他是认真的。听着先生话别，丰子恺、李增庸和叶天瑞等学生，既不解又不愿接受。可去意决绝的人，是怎么也拦不住的。

那日，学生陪他走出寝舍，走过走了六年的小路，穿过已然粗壮挺俊的树林，踏出校门，经过涌金门，路过净慈寺，朝着虎跑寺方向。每一步，有人沉重，有人不舍，有人遗憾，唯他眸静身轻，满怀期待。

山林幕前，石板小径崎岖蜿蜒，浮云深处，抬眼已至寺门前。李叔同接过闻玉手中的行囊，换上提前做好的僧衣和草鞋，庄严站定，双手合十拜别众人。众人看着那道安然得没有一丝留恋的背影隐没，除了静默便是静默。

转眼已是热夏。李叔同走出禅房，仰望浩瀚星空，探寻一些尚不得解的禅理。此时上海，诚子手捻着信有些发抖。桌上是一缕青丝，一叠钱币。她知道他在向她道别，用最温和的语言，划清与她所有的界限。

泪水模糊了视线，诚子倔强地不肯发出声音。杨白民叹息一声，说不清是为谁。诚子早已猜晓，终有一日他会离去，可真当这一日来临，竟是这般揪心的痛。信上，他说理解她的痛苦和绝望，却未想过，是否会埋葬她一生的光彩。终究，一些事一些情理，前人后世是道不明的。

仍是七月间，夏丏尊前来虎跑寺与李叔同道别，他的父亲因病需要照顾。二人坐于榻上，已不似从前那般随意。眼前的人除一双眼仍有光彩，音容神貌已是出家人不苟尘世的安详。

李叔同说，他先做一年居士，一些事急不得。

看着他的头发、胡须与一身海青衣，颇不伦不类的样子，夏丏尊张口道："这样做居士，究竟不彻底，索性做了和尚，倒爽快。"

李叔同笑而不辩。送走夏丏尊后，他望着满山青翠，天边云舒，飞鸟翔空，一丝念想陡然萌生。

农历七月十三日，是阿弥陀佛坐下右胁侍者大势至菩萨的诞日。这一日，虎跑寺上空香火缭绕，众僧咏诵，庄严肃穆。李叔同跪拜佛前，双目闭合。了悟法师正在为他剃去三千烦恼丝。终于，他真的走了。红尘丝断，半世沧海梦尽散，从今而后，"一音入耳来，万事离心去"。

转身，他是肩披袈裟的弘一法师。

曾经，他是"桐达李家"的公子哥，花前月下的多情客，诗情画意的大才子，轰动天津、东京、上海的风云人物。如今，报童挥舞着《大公报》，报纸当日销售一空。那个有名有才的李叔同居然出家做了和尚，怎叫人不哗然，难消化！千奇百怪的揣测如一片片锋利的刀，划过李家大院，落进俞氏的心里。李文熙手里攥着报纸，劝俞氏带上孩子去寻他，俞氏沉默不语。他入空门，她早已心如死灰，如此也好，从此不相欠。

雨后的西湖烟波氤氲，仙气缭绕。一南一北行来两叶小舟，待舟上两人上岸，身着和服的诚子忍不住叫了声"叔同"，对面身披袈裟的男子双手合十，示意叫"弘一"。她的心里如被针刺。

她也要走了，一旦回日本，怕是终生不得见。清风徐来，夹着浓重水汽，二人却久久无言。诚子怎么也想不明白，过去那个多情又温热的人，为何突然变得如此薄情。

“弘一法师，请告诉我，什么是爱？”

“爱，就是慈悲。”他神色平静，眸光澄清，没有半丝温情。话落，便乘上小舟，绝尘而去。

眼看他将消失于烟波，诚子悲切地问：“先生，你慈悲对世人，为何独独伤我？”

声声悲切充满天地间，奈何舟上的人除去我佛皆空寂。她只能眼看着他消失于浩渺，像从未来过尘世一般。那个叫李叔同的男子，终是一场大梦。

灵隐寺受戒

庭院深深，雾霭重重，天凉好个秋。孤星悄没，东方沐白，嗡嗡钟声如跨越千年迷障，厚重地回响在整个大慈山上空。林木深处，红门之内，青砖绿瓦，香火直飘上了九重天。一众寺僧三三两两，唯那个独落人后、略显单薄又神清气爽的僧人，看上去颇有些不同。倘若老友瞧见，定会感慨，曾经那个年少轻狂、诗酒攒花、行山望水、傲气不羁的公子哥，行事竟还是那般惊天动地。人生风华，常人不及他三分，他却如此干脆地说弃就弃了。

弃就弃，罢了。他喜的，只是心间那条清泉。过去游历的酸甜苦辣或荣锦萧瑟，已在过往的细枝末节里开成了花。如今，大梦初醒，三千繁华在他眼里不过镜花水月，凡心既空，万丈红尘梦亦空，他不入空门，谁入空门?

虽说剃度出家，本没什么可轰动的，但李叔同皈依佛门这事，就像晴空下起了瓢泼大雨，太令世人觉得匪夷所思。林语堂说：“他是个传奇，他是那样扑朔迷离，又是那样深邃莫测。他是我们时代里最有才华的几位天才之一，也是最奇特的一个人，最遗世而独立的一个人。他曾经属于我们的时代，却终于抛弃了这个时代，跳到红尘之外去了。他的浪漫才情使他即便出世，也选择在了杭州这个风花雪月、侠骨柔情的地方。”

南方盛满了他的盛世年华。本以为他能在此重拾流年锦瑟，杯酒慰风尘，奈何天意弄人，结局零落，突然成了空门人。不管世人如何惊愕或惋惜，他是如愿的。能在那样风雨飘摇的年代随心活着，足以令人羡慕。自此，他名弘一。

纤尘尽去，摆在他脚下的，只剩修行一途。他虽然已剃发，肩披禅衣，却仍需受戒，才能算作真正的僧人。曾经的南洋公学同学，如今的水利局局长林同庄，建议他可去灵隐寺受戒。

1918年9月，弘一法师怀揣着虔诚之心，步行前去灵隐寺受戒。所谓受戒，大体说的是萃化六根，净心明台，去除一切尘埃。

苍山秋色，万彩缤纷，隐约可见一座古寺于两峰间云深处，恍如世外梵境。此地即是弘一法师受戒的灵隐寺。上山一程，遇花遇水，枝草落霜，打湿了衣衫，他说是缘。枯叶落肩，残花黏袂，他亦笑说因果循环，是要捎尔等一程。慈悲之人，认为万物有灵。

灵隐寺方丈亲自接待弘一法师，言行极为客气，应是对他早有所了解。方丈将他的居所定在客舍后面的芸香阁中。正如林同庄所言，灵隐寺空灵肃穆，一众寺僧戒律严明。每日闲来，弘一法师常悠踱于四方石径，步履轻缓，心眼平和，既是散心，亦是悟心。

那日静坐后，他依往常习惯在庙中闲游，恰遇慧明法师，着实被法师的不拘一格惊到。只见他一身补丁禅衣，既不考究，也不似法师模样，其言谈举止却又不凡。相谈间，慧明法师得知弘一法师来此是为受戒，又得知他居于芸香阁中，神色陡然转冷，严肃问他，既是来受戒的，为何住芸香阁而不进戒堂？慧明法师又说，世俗书生，也不当这般随意，便是帝王亲临，皇亲贵胄，或市井贩夫来此，也该平等为之。

随缘究竟是怎么个随法，常人大多只明其表意，而不知深浅。弘一法师虽看破世俗，于此一道仍需长远修行。慧明法师是真正的得道高僧，且不说他德高望重，平日里常常瓢淋菜园，讲经时也是颇随意的。弘一法师出家前盛名远播，慧明法师也知晓一二。如此，才以暮鼓晨钟之态，对他施加点化。入空门者，不仅仅是舍得红尘，断绝俗念，亦要和过去种种彻底作别。

此当受戒的第一幕，弘一法师虽未答得圆满，却悟明白了万物皆等闲的道理。修行一途山高水长，他既选择了撑桨船上，总还会遇到各式各样的风浪。

弘一法师在灵隐寺居时不久，好友马一浮前来探望，还特意为他带来两部戒律书籍。弘一抚摸着由明末蕅益大师著的《灵峰毗尼事义集要》，颇有些感慨。遥想蕅益大师呕心沥血，初讲时却无几听者，心中是否遗憾？而另一本由清初见月律师著的《宝华传戒正范》，也是可研习的传戒之书。

弘一法师过去曾偶然读得一些戒律方面的书籍，且由此知晓戒律与佛法血脉相承，是凡入空门者修行的基准。那时，他就生出了研习律法的心思。如今，他通读马一浮送来的这两本著作后，钻研律法的念头更胜。

秋霜寒花冰玉洁，苍山古楼隐士家。转眼弘一法师已在灵隐寺一月有余，也终得偿所愿，由慧明法师为其开堂授足戒仪式。从此严守戒律，不容许丝毫偏差，他成了一名真正的佛家弟子。佛门之内，花开是喜，花落是归，万物生长是伦常，繁华寂灭不悲伤。也许修行，讲的就是一半因缘一半际会，或朝夕或更古，而那青灯台上，无我无相。

十月天寒，北雁南征，红霞烧透了西方山幕。弘一法师戒期大满，与灵隐寺作别之后，便启程返回了虎跑寺。犹记得来时一路眼花缭乱，所遇所见皆觉缘深。如今回程，万物拂掠眼，心如明镜台，倒是越发轻盈了。

此间受戒，令弘一法师体会到戒律的刚性。佛家戒律，每条都有其不容置喙的规定，不容曲解，不容侵犯，便是偏染了一丝一毫，亦算犯戒。正是这般森严威正，让许多遁入空门的人，因无法做到谨遵严守而不得不褪去禅衣，重回红尘。或说，正因戒律森严，留下的才是与佛真正的有缘人。弘一法师当是为自己能踏上佛途而欣喜。他将二百五十条戒律，条条铭记于心。

万物归寂，佛法慈悲。宿命之轮碌碌转转这许多年，他终是行进了半世空门，从此苦行山水，不问俗尘。

会晤老友，结夏安居

都说烟花易冷，可又有几人能舍弃那份浪漫和绚烂？世人多心念桃源，身体反而无比诚实地贪恋世间。这天上地下出了一个弘一法师，尽管没几人能读懂他的半世祥静与颠沛。只晓那万古青山，烟云叠嶂，隔绝了长情。

弘一法师问范古农：“旧业可否重拾？”

范古农答：“若能以佛语书写，令人喜见，以种净音，这也是佛事，又有何妨？”

那时，弘一法师正藏身于千百卷佛经下。回虎跑寺不久，他就受邀于嘉兴佛学会会长范古农，前往嘉兴精严寺。孰料那精严寺藏经阁内书卷成海，精品藏经无数，于是他便有了卧榻藏经阁，不谙人间月的痴迷。为读藏经，他在嘉兴佛学会足足挂单两个月。那段时期，他醉心佛学，潜心翻阅，可越是翻阅，心中疑团越甚。

因此，才有了他与范古农的那段对话。范古农一语如春雨点寒枝，使他茅塞顿开。过去种种钟情，例如篆刻绘画或诗词歌赋等，皆俗世，而书法可抒佛理，以结善缘，传播慧能，自然可重拾。于是，他提笔蘸墨，挥毫而下“佛即是心心即佛，人能弘道道弘人”，并赠送给前来求字的有缘人。

白纸黑字，愿的是一善念，种善果，不负如来不负心。翻阅一页页书卷，时间从他指尖穿扬，两个月时间，已化作天地间皑皑白雪，汇聚成了百余幅佛偈。那些慕名精严寺的客人与云游僧人终得偿所愿，获他墨宝。

某一日，曾红尘煮酒的知己好友许幻园突然来访。现世多虚恍，往事不堪忆。许多从前，无论多风采，多昭然，他二人均不愿再提起。一个人身后是支离破碎，一个人身后是无我无相。话又从何谈起？心又从何处聚汇？世相迷离，回不去的，就回不去了。

时过境迁，你看几人似从前？比起挖空心思去追忆，不如心照不宣。

雪下了一场又一场，那时的万里山河皆覆雪，当真是银河落九天的盛美。弘一法师一步一个脚印行来，此次他要挂锡的是青芝坞的玉泉寺。玉泉寺中有一方鱼池，他最常出没在这里，写经念佛之余，也常看着那池里的鱼儿出神。无人知晓他在其中究竟是要悟些什么，只知他在玉泉寺中的饮食起居，如遵守戒律一般格外严格。晨食粥，午吃斋，而过午不食。他所有的心思都用在了写经念佛上，句句言的是佛语，笔笔默的是佛书。

冬尾岁至时的一日，杨白民到玉泉寺探望弘一法师。他晓得僧人俭朴，却也没想到竟是这样一种俭朴，一张破落桌子，一席窄窄的床，僧衣卷起来的枕头，没有暖炉就罢了，被子也单薄得不像样。可瞧着弘一法师，神情安适，手捧经卷，一副无生死大事之相，颇令人自惭形秽，也令人心酸，可又不能多说什么。

善缘善渡，渡人亦是渡己。那次杨白民来，弘一法师便写了一篇格言。

古人以除夕当死日。盖一岁尽处，犹一生尽处。昔黄檗禅师云：豫先若不打彻，腊月三十日到来，管取你手忙脚乱。然则正月初一便理会除夕事不为早；初识人事时便理会死日不为早。哪堪荏荏苒苒，悠悠扬扬，不觉少而壮，壮而老，老而死；况更有不及壮且老者，岂不重可哀哉？故须将除夕无常，时时警惕，自誓自要，不可依旧蹉跎去也。

余与白民交垂二十年，今岁余出家修梵行，白民犹沉溺尘网。岁将暮，白民来杭，访余于玉泉寄庐，话旧至欢。为书训言二纸贻之，余愿与白民共勉之也。

佛门净土，那些前尘往事如梦幻泡影，早已被梵音拂去。弘一如今只是弘一，新生的人，何处有尘埃？他听着杨白民提起诚子，听着那昔日挚爱的女子已然回到东京，只道了一声“甚好”。原来，当真是一入佛门，四大皆空。那些红尘旧梦，终是一场哗众取宠的寂寞。

玉泉寺的长老颇赏识弘一法师，他受戒不足半年，对戒律的严谨却非常人能比。在玉泉寺的几个月里，弘一法师除了写经和念佛，就是研究南山遗学，修习律宗和净土宗。弘一法师十分仰慕净土宗中的三位高僧，分别是第八代与第九代已然故去百年的莲池法师和祖蕅益法师，以及尚在人世的第十三代祖印光法师。据说，他一直想拜在印光法师门下，却始终被拒。虽不了解其中原由，但他每次写信请教，印光法师总会悉心指导。

弘一法师是极有慧根的人，对佛学的了悟之快，寻常弟子多不能及。见他常埋头苦修，玉泉寺的印心和宝善两位长老就特意将他的午斋提前了些，好让他饭后能歇息一二刻。

弘一法师毕竟是有俗世大名声的人，于是好奇的人，或倾慕的人，不论新知故交，一个接一个地来寺里看他。他也一一客客气气地接待着，并不觉得被扰了清静，遇到缘深的，总会点化一二。

石阶沿外的青泥露了新芽，转眼已到1919年初春。曾是“天涯五友”之一的袁希濂正坐在杨白民坐过的地方。过去那个风流倜傥的少年如今一派正色，是被调任武昌的袁法官了。而过去意气风发的李叔同，是如今静坐佛前的弘一法师。袁希濂叹息一声，真真物是人非，岁月无常。

二十多年的老友相见，自是说些从前旧事，尽管提与不提没有多大意义，却还是说起前不久来过的许幻园，说起草堂的种种烟火与风雅，可说得越多，两人倒越发清冷。端起桌上清茶盏，弘一法师轻吮一口，随即说出的话令袁希濂一时不知如何反应。大意是说，他前世是佛门人，希望他平日里多读些佛经。弘一法师说得真切，还把印光大师刻印的清代周梦颜著的《安士全书》推荐给了他。无人知晓弘一法师那时因何那样说，袁希濂也不懂，他只是头也不回地走了。如今他们道不同了。袁希濂不知的是，他与佛的机缘虽晚了些，却终究是要被佛度化的有缘人。

春尽夏至，弘一法师又回到了虎跑寺中，他要在这里度过出家后的第一个结夏期。所谓结夏期是每年农历四月十五日至七月十五日，此期间僧人需在禅寺内静心修习，不可外出云游。

结夏期间，万物静好。众寺僧需每日唱赞颂，弘一法师也需每日唱。他记不清多久未碰音乐了，也曾认为那是该放下的俗物，可婉转悠扬的佛韵却那般灵性。原来，除书法外，音乐也可净化心灵。于是，歌颂之余，弘一整理剪辑了众僧手录的所有佛韵偈赞，装订成册，是为《赞颂辑要》。

天地静音，万物归巢。原本燥热的夏天，格外清凉。弘一法师结夏，夏丏尊倒成了寺里常客。见他来，大家就知他的去向，也无须客套了。他与弘一法师，常常有得说便说，没得说便静坐，有时对坐整日，然后自行离去。来往久了，他自也受了弘一法师些许影响，偶尔醉心佛学，但他更爱的是彼岸灯火，这一生都无法成为空门人。

一日他再来，弘一法师将摘抄的《大佛顶首楞严经》中的些许文字赠与他。弘一法师知他与佛有些善缘，虽不深，亦不浅。日月轮转，九十日里风轻云淡，结夏期就这样悄悄结束了。

第六章

芒鞋竹杖，只身天地间

出家前，他是翩翩公子，拥有锦衣玉食，在温柔富贵乡徜徉。出家后，他青灯古佛，勤研戒律，俗人以之为苦的被他视为至乐。他严守戒律，过午不食，生活极尽俭朴，穿着布满补丁的百衲衣，打着用了很多年的老伞，别人丢弃的萝卜皮他也吃得津津有味。为了弘扬律宗，他芒鞋竹杖，完全是一个苦行僧。

行云山水，写经研律

人遇到解不开的烦恼，常想起问：佛在何处？为何度世人，却独独不度我？倘若你正站在月色下，看那荷塘是静是躁？远山崖，且瞧那落日是哀是美？天边云卷云舒的，是惆怅还是旷远？火燎岁末草，车过尘轻扬，这世间万物里，即使一尘粒，都住着佛的。只需你肯驻足，静心观望，即可遇佛，烦恼自然而然消失不见。恰如佛说，诸多烦恼，皆虚妄所致，我就在你身边，你只是视而不见。

山雾微寒，一叶知秋，弘一法师又来到灵隐寺。往后那段岁月，兜兜转转，他近乎走遍了西湖诸寺，领略了诸多佛门遗风，阅遍珍贵藏经佛典，也仍然会有新知故友来探望。一日，国学大师胡朴安踏着潋滟湖光来访。他们曾是南社社友，一同编著过《太平洋报》，故彼此多少了解些。胡朴安当即赠与弘一法师一首诗：

我从湖上来，入山意更适。日淡云峰白，霜青枫林寺。

……

为我说禅宗，天花落几席。坐久松风寒，楼外山沉碧。

单看这首诗，韵味极佳。然而弘一法师是佛门中人，那句“不死僧”未免吹嘘夸张了，而那句“为我说禅宗”亦有不恰当之处。只不过他谦和，先书写了“慈悲喜舍”四字作答复，而后对胡朴安说：“学佛不仅精佛理而已，又我非禅宗，并未为君主禅宗，君诗不应诳语。”胡朴安自知是文人习性，使他犯了佛戒中的诳语。直至二十多年后，胡朴安心生皈依之心，想得到弘一法师点拨，收到的却是法师圆寂的消息，悲痛交加下，他写下这样一首诗：“凡夫迷本来，生死一大事；知者顿然悟，去来原一致。自性本清净，是乃真佛子。我言弘一师，泯然契佛旨。往日本不生，今日亦未死。”

没人知道弘一法师究竟走了多少路，穿坏了多少双鞋子，他的身体在冬日里经受着怎样的考验。仿佛他只要是活着，就没有要停下的道理。老友程中和在弘一法师的感召下，拜在了悟法师门中，也剃度出了家，法名演义，字弘伞，自此与他为同门师兄弟。

冬季刚逝，春意阑珊。弘一法师决定深究律学。其实早在他未出家前，就有位佛教居士徐蔚如对他说：自古以来，出家的法师们，讲经的多，讲律的少。尤其近百年来，没有专门研究律学的，就算有也不彻底、不清楚。因此，你出家后可以研究律学，把中国的律宗重振起来。弘一法师在灵隐寺受戒时，诵读马一浮送来的两本戒律书籍后，便立誓：“为僧界现状，誓志创立风范，令人恭敬三宝，老实念佛，精严戒律，以戒为师。”

大方向已定，可红尘世上，竟难找一处幽静之地。也正恰此时，浙江一师的楼秋宾来访，他曾是弘一法师在俗时的学生。弘一法师用陈茶为他沏饮，自己则端了一杯清水。二人交谈间，常有游人从舍门前经过，或嬉笑打闹，或探头探脑，这让楼秋宾十分心疼。得知他想寻安静地方，闭关研律，楼秋宾随即推荐他去往自己的老家——富春江畔的贝山。那里环境清幽，依山傍水，还有传说中仙人对弈的棋石，游人甚少，当可辟出一处，筑法师闭关之所。

无论是李叔同，还是弘一法师，他这一生大起大落，从风华荣锦，到寂落哀愁，再到云淡风轻，行山望水，都好似佛法度化。这次决定去贝山，也当是佛在指引。

不日，弘一法师给印光法师去信，希望能得大师些许关于闭关的点拨。印光法师回信言：“闭关用功，关键在于心要专一。未得一心前，不能急着求感应，否则就是修道的第一大障碍。念佛得一心后，自然会有感应，并没有起心动念，心却如明镜当台，映照出森罗万象。”

弘一法师起身前往贝山，弘伞陪于一侧。临行前，一众老友为他设斋饯行。马一浮拟题“弘一上座将掩室新登贝山夐绝处，以此赠别，且申赞喜”，赋七律诗：

平地翻登百丈崖，涅槃有路绝梯阶。
何人把手成相送，第一安心是活埋。
古庙香炉非去住，晴空连榻莫差排。
白豪影里看行道，遍界莲华眨眼开。
消息应闻木马嘶，住山锹子任轻携。
了无一物呈高座，不见当前有阇黎。
何必度河兼过岭，是谁曳耙与牵犁？
他年放出关中主，始信东方月落西。

诗有两首，这是其一。此一别，不知经年，也许很快，也许会晚些时候才能再见。弘一法师将默下的“珍重”二字放至夏丏尊手中。随即一声声话别。转身，钱塘江烟尘浩渺，他于船头，面朝着悠悠不尽的波粼，直至船隐于茫茫白雾，也未回头。

闭关之室尚在建设中，当弘一和弘伞初到贝山时，只能暂居楼秋宾家中。弘一法师戒律严明，从不因环境宽松而生出懈怠的心思，起居饮食皆照旧历，凡有时间皆用来研习律法，如《四分律删繁补阙行事钞》《四分律删补随机羯磨疏》等。

时光不紧不慢，只等闭关之所早日筑成。然天意难测，一场大雨引发山洪，将即将完工的闭室毁成了断木废瓦。弘伞颇有些难受，弘一神色平静，无悲无喜，只当得失是缘。而这里，不是他的归宿。

秋意渐浓，富春江畔越发寒凉。弘一法师的咳疾也因着寒气复发。于是中秋节后，师兄弟二人先是去了灵济寺，后又沿富春江，移居衢州莲花寺。从霜染的秋到皑皑白雪的冬，弘一法师足足写了几十卷《阿含经》，也默完了《印光大师文钞》的序言和题词，他的视力也越发模糊了。

圣人游了江湖，岂会风过了无声！弘一法师挂锡莲花寺的消息不胫而走，当地各界名望人士纷纷涌来，希望能得他一字半解。但大部分人未得见大师真容，更别提赐字的事情。彼时，曾经的南社成员，当时的衢州中学教员尤墨君，想将弘一法师皈依之前留于俗世的所有诗赋归册成书《霜影集》。然而弘一法师删删减减，到最后也无几首能入选的。这事也就不了了之。

世人皆这般。回首往事，只觉得曾经重视的，喜欢的，疯狂追求的，原来既苍白又稚气。

1921年春，弘一法师再次入玉泉寺。那时，他心中已竖着一座高耸入云的律法大山，遂开始撰写《四分律比丘戒相表记》。当他有幸诵读了由唐代义净三藏法师译的《有部律》以及他亲撰的《南海寄归内传法》，不觉生出主研《有部律》的想法，并想以义净三藏法师的论点，为南山律做注文和疏解。当年劝他研习律法的徐蔚如居士得知此事后，急忙为他写信，恳求他专研南山律："以为吾国千余年来秉承南山一宗，今欲弘律，宜仍其旧贯，未可更张。"于此，弘一下定决心，专修南山律。

世人常说，弘一法师超然物外，可这烽火人间，何时让他得了清闲？他生于动荡不安的年代，成长于乱世，是怎么也剥离不开尘世这个圈的。煌煌天地间，早已不见风流倜傥的李叔同，只有芒鞋竹杖、云水天涯的行脚僧。

温州庆福寺闭关苦修

有人问佛祖：“这世间可还有一处净土？”

佛说：“净土不在脚下，而在心间。”

心是幽若渊谷，可应酬事不断，也就没了清修的样子。弘一法师在杭州的故友实在太多，无论是玉泉寺、虎跑寺还是西湖诸寺，他行去哪里，慕名而来的人便跟去哪里。编写《四分律比丘戒相表记》也因此进展缓慢。

杨柳垂绿戏了湖，暖风捎燕报春来。丰子恺前来与弘一法师道别。过去，老师本就容肃言少，如今出家为僧，是越发庄严静默了。丰子恺即将赴日留学，这是老师未出家前十分挂心的事情。

杭州的气候寒凉，清爽太短，三月未出，便有些闷热。这时，林同庄来玉泉寺探访。他提起温州四季如春，东南永嘉之地好山好水，环境清幽，郁郁丛林之中隐有一座庆福寺，甚是清雅悠然。提及此地，那里的吴璧华和周孟由两位居士已多次邀请弘一法师前来。如此，他决定即刻去往庆福寺掩关清修。

弘一法师的行囊一向极简又轻便，此次云游，除弘伞陪同，还有一位少年僧人。据说这位少年因佛缘甚深，小小年纪便参破了红尘，后由弘一法师为其剃度，赐名宽愿。

那时的积谷山南麓，山苍翠入云，水清澈见底。江河面没有游轮快艇，只有轻舟木桨。路上没有车水马龙，但见三位苦行僧由远及近。飞霞山下，飞霞洞前，一座古寺安居一隅，门前挂匾“庆福寺”。寺院略有些破旧，但胜在远离闹市，依着景色秀丽的飞霞山，清河萦绕，翠绿撩烟。弘一法师初来，便安居此地。

寂山长老知他出身富贵，才高智足，亦知他皈依后粗茶淡饭，戒律严持，清修苦研，遂十分敬服，亲自为三人清扫出三间客舍。又得知他过午不食，便把全寺僧人的午食提前至十点钟。弘一法师感念寂山长老照拂，但眼下他担着重振南山律的责任，唯先撰写《四分律比丘戒相表记》。

为免俗事纷扰，弘一法师取一张素纸，写下一篇《谢客启》，约法如是：

余初始出家，未有所解，急宜息诸缘务，先办己躬下事。为约三章，敬告同人。

一、凡有旧友新识来访问者，暂缓接见。

二、凡以写字作文等事相属者，暂缓动笔。

三、凡以介绍请托及诸事相属者，暂缓承应。

惟冀同人共相体察。失礼之罪，希鉴亮焉！

弘一法师居庆福寺的消息很快传开，当地或稍远的名绅文士或佛家居者纷纷前来求见，皆止步于那篇《谢客启》与他窗上贴着的“虽存犹殁”四字。纵是官、商、才者虔心求偈，也未如愿。如是封窗闭户三月余，一摞摞纸稿工整地摆在木桌上，他终于完成了《四分律比丘戒相表记》的初稿。

屋外细雨淅沥，这里的雨似从未停过。弘一法师提笔蘸墨写下：“三月来永宁，居城下寮。读律之暇，时缀毫露。逮至六月，草本始迄，题曰《四分律比丘戒相表记》。数年以来，困学忧悴，因是遂获一隙之明，窃自幸矣。”

风来了又往，暖阳散了又聚，轮回往复。倒是远处的青山依然巍峨，近处的花草仍旧芳艳。弘一法师时常推开窗子望一望，或远或近，眼中倒映的境界像极了王维的《画》：“远看山有色，近听水无声。春去花还在，人来鸟不惊。”

那日，方丈室内，弘一法师与寂山长老正闲谈佛意，他突然转了话风，便说要拜寂山长老为师。他感念寂山长老长久以来的诸多照拂。依照佛家律学所规，云游的僧人住在哪个寺，就要拜寺中主事为依止师父。弘一法师此举是依律，亦是怀恩。

寂山长老觉得自身修为太浅，说道：“何敢为仁者师之师？”再三推辞，不敢轻率应承。

弘一法师虔诚言说：“吾以永嘉为第二故乡，庆福寺为第二常住，俾可安心办道，幸勿终弃。”

见寂山长老始终不答，弘一法师唯有请来吴璧华居士和周孟由居士。在寂山居处门前，天地为鉴，诸位居士为证，他放下一块毡子，以大恭敬之心请寂山长老入座。长老再无法推辞，只好暂接了这拜师礼。不日，弘一法师登报公证，将终生以寂山长老为师。自此，无论何时谈起寂山长老，他均以弟子自称。只不过，寂山长老对此一直讳莫简言。直至三载过后，读弘一法师来信中的一段话，方彻底化去心中症结，信言：“弟子以师礼事慈座，已将三载，何可忽而变异？伏乞慈悲摄受，允列门墙。”

他行于彼岸，与尘世的天堑越隔越远，世人也越发难懂他钟爱的青灯古佛究竟是何物。一方花开花谢，一方缘起缘灭，走着走着，他脚下就只剩路了。

1922年年初，弘一法师收到兄长文熙家信，信中说，他尘世的妻子俞氏病故，望他能回家一趟。天地浩渺，自他皈依，红尘梦乡便再无所念，缘尽情散，又归何处？终究未往。后来，弘一法师从吴璧华居士那里学得往生咒，为俞氏虔念几日。

江南烟雨难歇，常常一连数日朦胧烟雨。日何时出，月何时圆，不必挂念。残旧桌前，他伴着一根残烛，借着微弱光火，又在念经了。

因着甚重的寒潮，弘一法师的身体出现不适。经医问诊，患的是与他父亲当年同样的病症——痢疾。他一开始以为无妨，结果病症日益严重，寻医问药也不见起色，身体消瘦，气色每况愈下，以致后来只能卧床而息。

若命中有此一劫，是避无可避的。既然药石无医，这便是命数。弘一法师不愿再挣扎，于是对寂山师父道："唯求师尊，候吾临终时，将房门遍锁，请数师助念佛号，气断愈六时后，即以所卧被褥缠裹，送投江心，结水族缘。"

常说，人之将死，会看到很多。不知弘一法师看到的是纵酒花间的少年郎，还是未偿还的情债，又或者是扬于风中的艺术梦。也许只是一扇门，仅差一步，就是梵境。所以他开始交代遗言。寂山长老听完，掩面痛哭。出家人本该看淡生死，不动七情六欲。可寂山长老脸上的泪痕如窗外细雨，湿了一串又一串。

好在终是唏嘘一场。就在残烛渐熄之时，他的病情竟开始慢慢好转。或说是他轻慢生死，过于从容，卧病期间依然日日诵经念佛，日出而作日入而息，机缘造化，枯木逢春。

暖阳难得破云而出，一束束飞落山间无数。弘一法师站在门前，清风徐来，衣袂翻飞。时光悠慢，岁月安好，他未去抚平随风乱舞的袈裟，眉眼间满是温柔的笑意。恍惚间，仿佛他还是那个温文尔雅的公子，只是，他眼中的温柔满是慈悲。

但逢一世，随遇而安

人逢一世，草木一秋，既然来世无依，如是何愁？

回首他走过的路，经过的城，未达的远方，寻不完的道意，令人无端想起屈原的“路漫漫其修远兮，吾将上下而求索”。他又该动身古道，云游四海了。

一路行出二三里，再回首，茫茫山林不见绿瓦。只有那扶摇直上的炊烟轻轻说着，那里有一处桃源，他刚刚走过，留下了一段传奇，历了一场劫难。

这一次，弘一和弘伞抵达上海。曾经，有个叫李叔同的男子，在这座歌舞升平的城里做着艺术梦，还有个沉月如水的姑娘在一侧红袖添香，又为他苦等六年，却等来一场肝肠寸断。回望人生，似乎总是一半苦，一半甜。如今李叔同不在，世上只有弘一。踏上旧地，他心清灵如水，往事如烟，一笑泯之。

因未打算长留，他们便暂驻居士林中。在此期间，弘一法师与尤惜阴居士合撰了一篇文章《印造经像之功德》，完成后便刊登在了商务印书馆发行的《印光大师文钞增广本》第四卷。

入夏时节，弘一法师回到杭州灵隐寺，决定在这里结夏安居。日子又开始变得不紧不慢，花草慢，日月慢，步子慢，心亦慢。就在这慢而佛音绕梁的安静岁月中，他为杭州西泠印社写下一卷《阿弥陀经》。不久西湖水色旁矗立起一座阿弥陀经塔，塔上刻着他的那卷《阿弥陀经》字幅。

穿过灵隐寺，踏过莲花寺，一路风花雪月相随，谁也记不清他参了多少禅院，听了多少佛法，写了多少卷经。直到秋色层染，寒霜上枝头，他的脚步再次停在了永嘉庆福寺门前。只是此次掩关，他突想以刺血代墨来写经。因其中有些困惑不解，便去信向印光法师求些指点。

知此事后，印光法师回信言："不要急着抄经，当务之急，先要一心念佛。刺血抄经耗费太多心血，令人心神衰弱，只怕反而成为精进念佛的障碍。俗话说，身安而后道隆。我们既是凡夫，就不要盲目效仿法身大士的苦行，只要念佛得一心，自然法法圆融。"雨要先落下来，才能滋润大地；水要慢慢浸来，才能成溪成河。万物有序，不可急切。如是顿开，弘一法师急于虔佛悟道的心，方慢慢平稳。

在庆福寺掩关期间，最令他悲痛的是，收到老友杨白民故去的消息。自参破红尘，踏入空门以来，弘一法师已许久未这样情绪忧哀，难以自抑。暖茶棋盘今犹在，回首路上故人稀，时光原是有尽头的。如今，该是学会与岁月挥手作别了。

窗外隐于草丛的蟋蟀吱吱出了天地间的寂静，窗下桌角边摆着厚厚一叠信笺，均是弘一法师与印光法师的来往书信。每当他困惑时，便拿出来读一读以明镜心海。1924年6月，弘一法师去往普陀山法雨寺参见印光法师。他随侍法师七日，所见所得皆令他惭愧不已。印光法师慈眉善目，法相庄严，德高望重，却从不要侍者，凡事亲力亲为。进食过的碗筷，要么舔舐干净，要么倒水，荡涤干净后喝下或漱口。他亲眼目睹印光法师于微弱的烛火下缝补禅衣，而他衣服上的补丁多由宽愿缝补。短短七日，他窥得自己与印光法师之间隔着的不是远与近的距离，而是一片汪洋。

“注重惜福，力行习劳，深信因果，专弘净土。”弘一法师常点化旁人，多读《印光法师文钞》。印祖盛德对他的影响是极深极远的。佛海无涯，佛心无峰，禅路漫漫。

七日后，弘一法师回到庆福寺。他日日夜夜勤耕纸笔，在一次又一次修改中，《四分律比丘戒相表记》这部独步至今的律学巨作，前后历时四载，终于完成了定稿。回想撰稿期间，印光法师对于他行草书之事，来信道：“古往今来，不少人用行书草体写经，我对此绝不赞成。想要断烦惑、了生死、度众生、成佛道，岂可将抄经视为儿戏，由着性子写得游龙舞凤的？”

弘一法师颇有感触，于是重新全以楷书修正，这一点深得印光法师肯定。日后，凡行书写一事，弘一法师从不敢生怠慢之心，其书法被赞誉为“佛书”。

1925年，弘一法师轻裹行囊，作别寂山长老，又开始拄杖四海了。此去他是一人。

风里雨里，总有一个孤独的身影走在路上。他小心翼翼迈过行军的蚂蚁，裹紧衣衫不打扰一片花叶。就这样走走停停，转眼便又是秋了。秋烟薄雾，他本打算先去南京，再去被誉为中国佛教四大名山之一的安徽九华山，参游地藏王菩萨圣地。但因江浙一带有战事，道路不畅，只好半路登岸宁波。临近的七塔寺客满无居，他只好栖身一个散发着霉味的简陋客栈。两日后，方搬去七塔寺的云水堂。云水堂住着四五十个来自五湖四海的云游僧人，念经、打坐、闲聊，喧闹得很。可无论是蚊蝇满天的客栈，还是热闹如市的云水堂，他都是住得惯的。

在上虞白马湖畔春晖中学教书的夏丏尊，得知弘一法师挂单七塔寺，第一时间前去探望。当他走进云水堂，弘一法师正弓着身子收拾衣物。弘一转身，恰好撞上夏丏尊那双带着心疼的眸子。这里太嘈杂，实在不适合他。夏丏尊二话不说，语气坚决地要他随去白马湖畔小住。弘一不愿拂了好友心意，便随他一路去了。

夏丏尊住在白马湖畔北面山下的一个小村落。一排整齐的小平房镶嵌着他那三间互通的小居舍，多少有些局促。于是，夏丏尊将他安置在不远处的旅馆。夏丏尊看着他打开破旧的席子，拿出一条单薄的被子和两件挂满补丁的旧衣服，折呀折，折成了一个枕头，眼里的酸涩，险些夺眶而出。

一连二三日，夏丏尊都会为弘一法师准备一碗饭两个素菜，他直说出家人饭食不该如此奢侈。只好依他平日里的吃法，用白水煮菜，放盐不放油。

多少年后，回忆起那次短聚，夏丏尊说："我当见他吃萝卜白菜时那种愉悦安宁的光景，我想：萝卜白菜的全滋味、真滋味，怕要算他才能如实尝得的了。对于一切事物，不为因袭的成见所束缚，都还他一个本来面目，如实观照领略，这才是真解脱，真享乐。"

弘一法师为白马湖留下很多佛偈。然后选了个风和日丽的日子，与那里作别。夕阳西下，孤舟江上，来也去也，不问山高水长。

行至万籁俱寂而不休

日月温凉，影子短了又长。背上的行囊说着，他是一个临时歇脚的客。天南地北，哪里有佛音，哪里就有他留下的痕迹。几度春秋来，几度花开谢，披霜戴雪，他回到庆福寺，又于1926年春，赴往杭州西湖。

弘一与弘伞在西湖招贤寺中重逢，此时弘伞已做了招贤寺主持。不久，弘一法师来到玉泉寺，开始着手修订《华严疏钞》这部前人巨著。在这期间，他与时隔五年未见的丰子恺见了一面，曾经那个有些叛逆又有个性的少年，如今已是个温文尔雅的先生模样。

后来，受丰子恺邀请，弘一在弘伞的陪同下前往丰子恺的住处。丰子恺与好友王涵秋正在翻看他许多年前的照片。拿起已然泛黄的旧照，弘一法师为他们说起每一张照片背后的故事。那是一次颇有情感的陈说，说的是那个叫李叔同的男子短暂又起伏的一生。

次日，弘一法师在丰子恺等人的陪同下去城南草堂。如今那里已换了匾额“超凡精舍”，住着陌生人。几经打听，他们才在一个破旧小屋找到许幻园——一个步履蹒跚，靠给别人抄书度日的沧桑老者。弘一法师看着他，心中泛起一丝涟漪，但很快抚平。他确是许幻园，而许幻园盯着他看了许久，方认出他来。

人生如梦耳，哀乐到心头。
洒剩两行泪，吟成一夕秋。
慈云渺天末，明月下南楼。
寿世无长物，丹青片羽留。

不想李叔同当年的诗词竟要用在这里。岁月无情，属于他们的时代，终究太乱太短。可这份凄凉，却又着实寻常。

自那日与许幻园分开，弘一法师又去了一些地方，见了一些人，遇到一些事，直到深秋，才回杭州。不久后，津门先后来人寻他，分别是侄子李圣章和兄长连襟李石曾，他们希望弘一法师能回家看看。可方外之人，尘缘已尽，又何来的红尘故里！如此，他终未回去。

一年复一年，转眼秋又寒。上海，昔日的“天涯五友”时隔多年，终又能聚在一起，只是几案上只有四盏杯。那个曾举杯邀明月、醉酒慰风尘的蔡小香已然故去。话有些少，情有几分伤，相聚很短，分别很长。他们心里都很清楚，这是最后一次相逢。

后来袁希濂和张小楼也先后皈依佛门。而许幻园整日荒凉，及近残烛，两年后与世长辞。可叹这人生，不过黄粱一梦。弘一法师是修行之人，修的是四大皆空、万般自在。分分合合或生生死死，于他心间是有痕迹，却是幽潭映月，静寂无声的。而在修行的路上，有人去，自有人来。

此时，冲破红尘雾霭的是那个叫丰子恺的学生，他性情温和，心有悲悯，对世事仁和，常用手中画笔为众生鸣呼。可如今天下军阀混战，民不聊生，笔杆子再硬，也画不尽人心贪婪。这混乱的世道，唯一能让他触碰到光与幽寂之美的，只有自己的老师。于是，他选择1928年的生辰之日，请弘一法师为其授皈依之礼。弘一法师知他佛缘甚深，如今机缘已到，便为他行了简单的皈依礼，法名婴行。

之前提到过《护生画集》，即丰子恺皈依后第二年初秋的事。弘一法师与丰子恺商议由丰子恺画图，他来题字。事实上弘一法师只为前两册题过字。但不管怎么说，这部创作时长47年，由佛教界和文艺界诸位先贤大师合作的绝世文化精品，也终于步入正轨。

在那个古朴陈旧的年代，车马慢，行路慢，时光却快得出奇，弘一法师不喜欢长时间停留一处。他听尤惜阴居士提起动身前往暹罗弘法一事，颇觉意义深远，遂决定一同前往。

黄浦江码头，丰子恺、刘质平和夏丏尊看着远去天边的船，与那一排鸥鸟连成了线。细数岁月，谁也记不清这是第几次为他送别。只是他并未去成暹罗，途经厦门时，他被曾有过从之缘的厦门大学创办人陈敬贤居士挽留，为当地百姓弘法。于是，他随缘留在了那里。

他像一朵浮云，一直在漂泊。可他毕竟是凡体肉身，时岁渐长，那些翻山越岭的事情，已渐觉吃力。他虽然不在乎，但他的朋友和学生却很担忧。1928年冬，众人征得弘一法师同意后，于上虞白马湖畔为他修居结庐。世人多自忧，独他忧世人。他仍是不肯停歇的，如是将这世间禅意行至万籁俱寂，亦不可休一般。

次年5月，弘一法师和苏慧纯居士一起北上。他本是要回永嘉庆福寺掩关，却在经过福州时，挂锡鼓山涌泉寺。他在涌泉寺的藏经楼中窥得佛学巨著《华严经》和《华严疏论纂要》刻本。那段时期，他又开始忙研和写经。直到盛夏，才回到庆福寺中。行行走走，当他再回上虞白马湖畔，庐舍大体已建成。抬头青山作陪，远望水波粼粼，一间茅舍，一介老僧："深居俯夹城，春去夏犹清。天意怜幽草，人间重晚晴。"弘一遂取名晚晴山房。

农历九月二十日，弘一法师的50岁寿辰。丰子恺潜心作画50幅，赶在老师寿辰前完成了《护生画集》第一册。弘一法师题字：

是亦众生，与我同体。应起悲心，怜彼昏蒙。
普劝世人，放生戒杀；不食其肉，乃谓爱物。

一花一世界，一叶一菩提。他看到的万物，皆载着慈悲。他的坦然、淡然，亦令山河归寂。

第七章

晚晴山房，人间清凉

在白马湖畔的晚晴山房，在福建泉州晚晴室，与青灯古佛相伴二十多年的弘一法师，病卧床榻，却依旧诵佛不止。遗嘱已经交代下去，他特意嘱托遗体焚化之后，一定要记得在骨灰坛底下，放一钵清水，免得路过的虫蚁爬上烫死，殃及无辜生命。1942年的10月13日，弘一法师圆寂，床边的矮几上，是他留下的绝笔“悲欣交集”。

准备找个安放老迈身躯的地方

偶尔会想，世人50岁正在做什么，儿孙绕膝，修篱种菊，晒晒太阳，看看书，品品茶，这许是大部分人的设想，有些人正是在这样的年纪，体味着岁月静好。而在很多年前，有这样一位老者，有些倔强的慈悲，他的身体已弱不胜衣，却想也未想地登上了一条去往陕西的船。

刘质平急匆匆赶了过去，硬是将弘一法师拉下船。世人只知他慈悲度世，行踪飘忽，活得云淡风轻，又有几人知道那慈悲背后的蹒跚与飘零。几千里风雨颠簸，又近寒冬，他的身体已不能经受那样的摧残。刘质平的悲戚声响彻海岸，船上诸位居士和僧人皆沉默了。

回程路上，刘质平向老师致歉，不管是阻止他为受灾群众祈福，还是船上的鲁莽行径，虽是无愧亦有愧。弘一法师淡然一笑，事已至此，皆是天意，遂说一切皆是定数。

弘一，弘一，一生万物，既弘万物，终究，他还是要上路的。不久后，他去厦门，又在年底到南安古刹小雪峰寺中度岁。这座建于唐代的古寺，背山面水，古木参天，寺门楹联也颇有禅意：“地位清高，日月每从肩上过；门庭开豁，江山常在掌中看。”

他是喜小雪峰寺的钟灵毓秀，但那不足以让他停留太久。于是他又移回白马湖附近的法界寺，在那里闭门清修。弘一法师收到天津书信，信中说到李准添子，不管怎么说他都是祖父，请他赐名。看到孩子的出生日期，弘一法师心中闪过一道波澜。那日子正是母亲王凤玲的忌日，于是他为孩子取名李增慈。忘川河水净去前尘，生死轮回却似有因果一般。

树上夏蝉吱吱，树下的风清凉如许，清风里的人万物归一。也是从那时起，他开始写《清凉歌集》。

> 清凉月，月到天心，光明殊皎洁。今唱清凉歌，心地光明一笑呵。
> 清凉风，凉风解愠暑，气已无踪。今唱清凉歌，热恼消除万物和。
> 清凉水，清水一渠，涤诸污秽。今唱清凉歌，身心无垢乐如何。
> …………

1930年秋，弘一法师正在慈溪的白湖金仙寺僧房里咏诵《华严经普贤行愿品》。他来这里，除因主持亦幻法师是其老友，更因天台宗的静权法师将来这里讲经。这件事自是如愿的。冬季，高僧静权法师在金仙寺足足讲经两个月，他场场敬听，不缺一席。弘一法师也曾在这里试着讲授律学，但因他所讲的是自传的，因不规正，又未宣说，听者寥寥。

深冬时，弘一法师回到白马湖不久，因常年奔波，加之受了寒，得了非常严重的疟疾。在那样一个烽火连天的时期生病，大多只能自理。而他却撑着病体不断念诵《普贤行愿品》，也恰是这份淡然置生死的心性，又一次令病魔偃鼓败退。

身体渐有好转后，他开始专研南山律学。律学不兴，他心始终难安。于是，1931年夏末秋初之际，他与慈溪五磊寺的主持栖莲法师商议后决定，要在这里成立南山律学院，以三年为一期，主讲南山律宗三大著作。计划拟定得很好，事项逐一进展得也颇为顺利。直到栖莲法师抱着一摞缘簿来，要弘一法师作序，用以募捐，可惜因客观因缘没能办成。

1932年秋，白马湖法界寺，他再次病倒了。直到雪染了湖两岸，只留一汪幽深时，病情才好转。他渐渐觉得，闽南四季如春，比江南四季起伏的气候，于他的身体更友好些。故此，他再次南下厦门。

次年正月初八夜，厦门妙释寺，弘一法师大梦一场。梦里他以少年之容，听一位鬓白老者歌唱《华严经》，其音悠扬悦耳，动人心弦。梦醒后，他急忙研墨梳纸，将梦里偈语写作《发心行相五颂》。数日后回顾梦境，他心有所悟，于是决定在闽南弘律。他以妙释寺和万寿岩为起始，开办了“南山律苑”讲座。而这一讲就在厦门诸寺与泉州诸寺间持续了大半年之久，后因战乱，才不得不终止。

泉州惠安县东三十里沿海有座半岛，山名净峰山，山上坐落着净峰寺。春末夏初，此时弘一法师便在这里。岁月渐沧，他身心微衰，他认为是时候寻个能够安放老迈身躯之地了。净峰寺的寂静与旷古幽深，都是他所喜爱的。然几个月后，寺中主持离职，他亦认为缘尽，遂留下一首五绝，披裟拄杖而去。

我到为植种，
我行花未开。
岂无佳色在，
留待后人来。

遗嘱后的悔过

原以为所有离开，是为静守。天涯路远，我自飘零。孤也好，哀也好，只想依着最后的岁月，过一些想过的日子。可他的每一次离开，却又是一次开始，如那春去秋来的候鸟。奔波一处，研律讲经，再奔波下一处，继续研律讲经，于是他走呀走，燃烧着不多的岁月，恩惠四方。有时也会往乡下弘法，听者不下千人，他的喉嗓几近残破。

农历十一月，在惠安，他病倒了。这次患的是很严重的风湿性溃疡，这种病倘若严重的话，会令患者痛苦几十年，以致四肢溃烂手脚全是脓血。那时，弘一法师的手足已呈肿烂样，且高烧不退。可乡野山间没有好的治疗措施，于是他回泉州草阉养病。

弘一法师的病情越发严重，最恶劣时常导致神志不清，便是在那时，他为自己立下了身后遗嘱，交与传贯法师。以下为遗嘱部分内容：

我命终前，请你在布帐外，助念佛号，但也不必常常念。命终后，不要翻动身体，把门锁上八小时。八小时后，万不可擦身、洗面。当时以随身所穿的衣服，外裹夹被，卷好，送到寺后山谷。三天后，有野兽来吃便好，否则，就地焚化。化后，再通知师友。但千万不可提早通知。我命终前后，诸事很简单，必须依言执行……

传贯法师一边读，一边老泪纵横，他万分悲伤，哀痛不已。他唯一能做的，是为弘一法师祈愿，望能历过此劫。只是，弘一法师立完遗嘱后，心中隐隐渐有悔意。

一个半月后，高烧减退，但他胳臂上的肌肉已溃烂，肉眼可见白骨，甚是惨切。1936年2月，弘一转居厦门南普陀寺。在那里，经过五个月的电疗和药物治疗，白骨渐合，肉芽新生，总算脱离病梏。为他治病的是位医学博士，名叫黄丙丁。至于那五六百元的病理费，他未收取分文。弘一法师感怀，只好手写《心经》以作答谢。

世人常说，人除生死，皆小事。出家人说，世间之事都是平常事，包括生死。生有何欢，死又何惧，看淡些，便不为所累。

尚未出正月，病情刚好，手上还包裹着纱布，弘一就又坐上了讲台，为学僧们讲训。病情痊愈后弘一背上轻囊，去鼓浪屿日光岩闭关，一住便是六个月。那段时间，他收到夏丏尊寄来的印版《清凉歌集》，完成了《道宣律祖年谱》，还收了一个年满13岁名叫李芳远的少年为在家弟子。

每日面朝大海，听风淘浪，鸥鸟轻啼，日子虽纷纷扰扰，却也难得清静。只是，每每回想遗嘱之事，心中总有懊悔。于是，弘一将这心事倾于信上，说于仁开法师："朽人初出家时，常读《灵峰》诸书，于'不可轻举妄动，贻羞法门''人之患在好为人师'等语，服膺不忘。岂料此次到南闽后，遂尔失足，妄踞师位，自命知'律'，轻评时弊，专说人非，罔知自省。去冬大病，实为良药。但病后精力乍盛，又复妄想冒充善知识，是以障缘重重……朽人当来居处，无有定所，犹如落叶，一任业风飘泊……"

后来，弘一在佛教刊物上刊登声明，自此除去大师、法师、律师的称呼。他是弘一，一个尚需要苦修的普通僧人。无论世人何如将他神化，他也只认为自己是一个并不完美的空门老僧。

拖着病体，四处奔波

一叶扁舟，度千重山；一双旧鞋，踏山间寺。

来时春，去时秋，昨时酷暑今时寒。他在众生的故里，一转就是十几年。如今岁月苍寂，老弱残躯，仍没有停歇的打算。有人感佩，有人心疼，却无人有底气能将他叫停。他那样的性子，纵只剩下一口气，要走，也是会走的。

1936年寒冬岁尾，弘一法师回到厦门南普陀寺。于正月初一，他开始在功德楼中讲《随机羯磨》。一讲十二天，不曾间歇。终是孱弱之躯，时常身心疲乏。二月十六日，他又在寺内的养正院给众僧寺讲《南闽十年之梦影》。十年春秋，如一夜梦醒。他说，涉足闽南十年，说不得圆满，也未有憾事。轻飘飘的话里，轻飘飘的十年，浮光掠影，尽是禅心。

弘一法师原本想在这个春天去南洋弘律。他听说那里有个奇僧，名法空，通鸟兽之言，善写古人书法。关于法空大师的传闻，多充满奇幻，他奔放不羁，却能严守出家人戒律；豪放、狭义，然慈悲为怀。弘一法师敬慕这样的人，于是为他写传记，让他的传奇事迹长流传。而他想去南洋之愿，因为战乱，未能实现。

1937年4月，弘一受泉州开元寺会泉长老邀请，移居万石岩。那时，因为肺病复发，他在《佛教公论》上登示："余此次至南普陀，获亲近承事诸位长老，至用欢幸。近因旧疾复作，精神衰弱，颓唐不支，拟即移居他寺，习静养病。若有缁素过访，恕不晤谈；或有信件，亦未能裁答，失礼之罪，诸祈原谅，至祷。"他总是这般，用最谦卑的姿态，谢绝世人搅扰。

5月，厦门来人恳请弘一法师为即将举办的厦门第一届运动会作会歌，此事弘一未曾犹豫，欣然答应。这时我们全民族正遭逢又一次深重灾难，一如他少年时眼看的甲午战败、戊戌破产而对时局的悲愤。那时的他更是呼喊、作歌。虽然他许久未写歌，蘸墨提笔，脑海涌入大批铿锵慷慨之词："健儿身手，各显所长，大家图自强。你看那，外来敌，多么猖狂！请大家想想，请大家想想，切莫再彷徨！请大家，在领袖领导之下，把国事担当。到那时，饮黄龙，为民族争光！"此歌洪亮激昂，振奋人心，把爱国之情与运动相结合，其声势亦如当年他所作的《祖国歌》。而这首是他这一生所作的最后一曲。

"以出世的精神，做着入世的事业。"著名美术家朱光潜这样评价弘一法师。

次年4月，千里之外行来一人，他是青岛湛山寺梦参法师。他来是请弘一法师到那里结夏。千里之遥，意味着数日数夜泅渡海上。盛情难却，他还是去了，拖着近乎飘摇的身躯。

结夏期中，湛山寺上百僧人，皆如愿获得弘一法师四字手书：以戒为师。起初时，他会在寺中讲经或弘律，但因体力不支，后由仁开法师代为讲解。结夏期满后，他起身南下。经过上海，与老友夏丏尊短暂相逢。遥远的天际时时响起枪炮之声，两个年迈老者说起一些往事。

分别之时，夏丏尊问何时再能相聚。弘一转身行去，风里捎来一声"随缘"。

早在1938年年初，弘一法师正坐在晋江草庵寺的讲台上，他对听经的众僧说：“我没有太多奢望，我很贫乏，没有福报，不久便要离开人世了，今年忙完，明年要闭门谢客了。”万事万物都会有自己的尾声。他的尾声也不晚矣。

那几个月里，他拖着沉重的步子，行路、讲经，讲经、行路，从草庵到泉州，从泉州到惠安，又从漳州到东乡……一路行去，满目疮痍。所见破碎越多，他越发希望能用佛法为世人带去片刻安宁。

9月，性常法师见到弘一法师时，那瘦骨嶙峋、解披见骨的羸弱，令他既惊讶又悲伤，他是来接弘一法师回泉州的。而他在返程的路上，依然是边走边讲经，直到初冬，他们方回到泉州。

冬时，弘一法师曾经在浙江一师的学生，如今的安溪县长石有纪，披着黄昏晚霞来访。石有纪说告诉老师经亨颐已逝的消息。生死之事，于自己或于挚友亲人，他皆已悟得透彻。万事皆空，无以凄然。

“吟到夕阳山外山，古今谁免余情绕。”我们时常讴歌岁月堂堂，以为能将其雕琢成期许的模样，到头来却是岁月雕琢了我们。经过花开，走过四季，看遍世事无常，总觉得这人间太美，下辈子却不想再来。弘一法师若见得这般，定是要叹息。

他是否又要上路？他是这样，慈悲度世，却独忘了自己。

晚晴室里的绝笔：悲欣交集

于北，少年遗路花中醉。

肆南，旧裟竹杖度云烟。

层次分明的岁月，半世风流，半生禅。跌宕起伏的人生，七分枯寂，三分淡。

转眼1942年。远去的山路，并不好走。沧眉老僧亦步亦趋，眼中的澄澈，像极九重天外的星河。世人皆知他的名字，世人皆盼他来度化，却少有人听到他的喘息，那三步一候的疲累。他的生命已行至尾声。

生老病故是自然之理，弘一法师早已了然。3月，他给李芳远去信：“朽人近来病态日甚，不久当即往生极乐，犹如西山落日，殷红绚彩，瞬即西沉。故未圆满之事，深盼仁者继成之，则吾虽凋，复奚憾哉！”

5月，弘一住进温陵养老院，这是他最后的栖身之地，他为居所取名晚晴室。不远处的屋舍住着妙莲法师，住近些，是为了能随时照顾弘一法师。

秋夜风徐徐，月光洒满堂。人随岁月渐渐瘦，月上九重夜夜明。故而，有人说它寒凉，也有人说它如歌。

不知那时的夜里，弘一法师是否细点过人生。便是数过，大概也随梦境散了。

但凡能动上几步，他还是要讲经的，虽不能再远行，亦有不少慕名者前来听讲。而后，他为晋江中学写下百余幅《华严经》佛偈。一直以来，他的想法都纯简似孩童，不为己安，只愿世人少些疾苦。

心知大限将至，弘一法师开始日日诵经，他不再进食，每日只靠饮水维持无多的生命。在他的晚晴室中，妙莲法师站在一旁，于悲戚难掩中看大师书写遗嘱：

当我还没有命终以前，以及生命终了、死后，我的事，全由妙莲法师一人负责，其他任何人，毋用干预。

写完之后，盖上私印，弘一法师嘱咐妙莲法师，他往生后，不作声张，谢绝吊问。此后，又叮嘱妙莲法师两件事：其一，为他助念往生时，若眼角有泪，无须多想，概是回顾前尘往事，数些憾事罢了，切莫误会；其二，故后火葬，只穿旧短裤便好，填龛四角放上他常用的四个小碗，水需时常注满，防止蚂蚁寻味上去，燃火后伤其命数。

10月10日，弘一法师用尽体力写下“悲欣交集”四字交给妙莲法师。

10月13日，弘一法师把早先写给刘质平的遗嘱交予妙莲法师，嘱寄去。信中写道：

余命终后，凡追悼会、建塔及其他纪念之事，皆不可做。因此种事与余无益，反失福也。倘欲做一事业与余为纪念者，乞将《四分律比丘戒相表记》印二千册。以一千册交佛学书局流通……此书可为余出家以后最大之著作，故宜流通以为记念也。

是日，弘一法师又拿出几封信一并交予妙莲法师，收信者分别是刘质平、夏丏尊。信中内容一致，均是他预先写好的佛偈：

君子之交，其淡如水。执象而求，咫尺千里。问余何适，廓尔亡言。花枝春满，天心月圆。

是夜。月色如常，皎洁明亮。床榻上，弘一法师侧身而卧，双腿叠放，左手自然搭悬腿上，右手支颐。妙莲法师助念《普贤行愿品》：“如是虚空界尽，众生界尽，众生业尽，众生烦恼尽，我赞乃尽，而虚空界乃至众生烦恼，无有尽故，我此赞叹无有穷尽……”声声慢慢，清静空音；鸟曾衔松，松柏积空；月影盈窗，光满榻上，弘一法师眼角沁出了泪。就这样，他呈佛祖涅槃的姿态，走完传奇跌宕的一生。

他真的又走了，去往西方极乐世界，给世间留下了轰动、错愕、惊叹悲戚，和数不尽的泪啼。

前尘往事不再多说，身故后事也不愿多提。63年，说长不长说短不短，说放，也只是刹那间。倘若这世间真有轮回，祈愿他来世，不入空门；愿他一生欢喜无忧；愿他入的是寻常百姓家，夕阳薄暮，儿孙绕膝，过一过这世间最单纯的烟火气。

长亭外，古道边，芳草碧连天。
晚风拂柳笛声残，夕阳山外山。
天之涯，地之角，知交半零落。
一壶浊酒尽余欢，今宵别梦寒。